변두리, 거듭나다

변두리, 거듭나다

한 솔

|들|어|가|는|말|

세월만 간다는 게 맞는가 보다. 늦게 시작한 글쓰기가 벌써 십 년이 넘었다. 그동안 내 삶을 기록하듯 써놓은 민망한 글들이 여러 편이다. 지난날을 정리할 겸 모아 펴낸다. 마냥 부끄럽다. 좀 더 글들을 다듬으면 좋겠지만 천성이 게으르고 꼼꼼하지 못해 이번엔 책을 내고, 앞으로 쓸 글들이나 좀 다듬고 싶다.

지난날들에 집 안으로 드나들 때 사용하는 비밀번호처럼 "변두리"를 쓴 것이 필명처럼 되었다. 필명을 쓸 만큼 대단하지도 못하면서 그렇게 지내왔다. 언젠가 변두리에 사람이 모이면 더 이상 변두리가 아니라고 하는 말이 마음에 들어왔다. 그런 마음을 표현한 것이 『변두리, 거듭나다』이다. 언제쯤이나 되어야 바뀔지 모르지만 '열심히 해보겠습니다.'라는 말의 첫 음절을 따서 "열해"라고 스스로 부르고 싶다. 나름으로는 열해(熱海)의 뜻을 품고도 싶다. 내 생애에 그만한 열정이 없었으니 이제라도 '뜨거운 바다'처럼 살고 싶다.

재능은 없는데 꿈은 많다. 어느 분야에 갇히지 않은 글을 쓰고 싶고 '한곳을 깊게'보다는 여러 곳을 얕게 건드려 보고 싶다. 때론 내가 믿는 하나님께 하소연하고픈 심정이다. 남들은 팔방미인처럼 못하는 게 없는데 왜 내게는 이런저런 재능들을 허락하지 않으신 것인지, 지금이라도 '특별히' 주셨으면 좋겠는데, 현실은 오래 알고 있었던 것이 아슴푸레해지는 경험을 가끔 한다.

의욕을 내다가 또 내려놓기를 여러 번이다. 늘 놓지 못하고 어정쩡하게 붙들고 있는 것들에게 민망하다. 긴 세월 미련을 둔 한자, 영어, 내 본분이라 할 수 있는 성경의 이해와 행간읽기, 어려운 현실의 도피처 같은 책읽기, 혼자만 분주하고 바닥에 겨우 고인 얕은 지식이 가련할 뿐이다.

온전치 못한 믿음으로 길어지는 수명에 대한 노후가 조금은 걱정이다. 내가 무대책이니 주변에서 염려되는 모양이다. 이제까지 살아온 대로 앞으로도 그러할 듯하다. 그러니 많은 이들에게 이해를 구한다. 그래도 한때, 나를 기대해 준 큰 형님과 긴 세월 참고 또 참아준 아내와 자녀들에게 미안하고 고맙다.

글 쪽으로는 오랜 세월 한결같은 김홍은 교수님과 수필반 선후배 문우님들께 무한 고맙고 감사하다. 더하여 함께 문학의 길을 가는 몇 곳 문우님들께 많은 빚을 지고 산다. 이제는 "폐가 되지 않도록 하겠다."는 말을 못하겠다. 그냥 폐 끼치며, 앞으로 더 하겠다는 말도 아닌, 할 수 있는 것보다 조금 못하게 살아야 할 것 같다. 다짐조차 횡설수설하는 내 자신이 그런대로 친숙하고 내 본 모습 같아 자연스럽다. 그냥 이렇게 살아갈 게다.

2024년 8월 30일

청주 한구석에서 최한식

Ⅱ. 고민하다

Ⅲ. 평안하다

Ⅳ. 기대하다

V. 설레다

Ⅰ. 잘하는 게 없다

말과 글

혼자서 긴 시간을 말하지 못한다. 장악력이 부족하다. 여럿이 이야기를 하다보면 제때에 끼어들지 못해 하고픈 말을 못하는 수가 있다. 그런 때는 다음에 해도 되고 안 해도 문제될 게 없다고 생각한다. 주변사람들은 나에 대해 오해를 적잖이 하는데, 같이 어느 정도의 세월을 보내고 나면 해소가 되는 것 같다. 운동이나 게임, 음악이나 여행 같은 일에 잘 나타나지 않고 그냥 듣는 일에 그나마 모습을 보이니 배우는 데 열심이라고 여긴다.

내가 짧은 글을 가끔 쓴다고 생각하는 이들도 있고 무얼 좀 알거나 꽤 가방끈이 길다고 여기는 이들이 있어 어떤 일에 별말이 없으니, 혹시 다른 의견이 있나 해서 묻는 경우가 생긴다. 그러면 잘 모른다고 한다. 여러 번 반복되니 이제는 유별난 생각이 없다는 걸 안다.

즉석에서 나온 의견에 반대를 하며 첫째 둘째 셋째를 꼽는 이들이 존경스럽다. 게다가 들어보면 수긍이 가고 과히 틀리지 않는 듯하다. 내가 대강 성장과정도 알고 생활을 웬만큼 아는 이들이 그렇게 노력하지 않는 것 같은데, 아는 게 많고 말을 잘하는 이들이 있다. 그 이유를 모르겠다. 나는 나름대로 열심히 책을 읽고 신문도 보는데 할 말이 별로 없다. 좌중을 압도하며 단 십 분이라도 자신 있게 말을 하거나 대화를 주도하고 싶지만 그게 되지 않는다. 이제는 그런 생각을 하지 않는다.

개인적 판단으로는 사회분야의 기본개념이 없어서가 아닐까 한다. 일반상식이 역사와 지리 경제 문화 정치이니 하나같이 사회부문이다. 이런 지식들은 서로 연계되면 단단해지고 종합이 되는데 그러려면 기초적인 위치를 나타내는 지리개념이나 테두리가 된 역사개념이 필요하다. 돌이켜보면 내 가문이 이런 지식을 크게 필요로 하지 않았고, 누구도 그런 언급을 잘하지 않았던 듯하다. 선천적인 재능으로 타고나기라도 했다면 좋았겠지만 유전자 조합에도 그런 행운은 없었나 보다.

비유하면 그물코가 잡히는 물고기를 결정한다고 할 게다. 정밀해야 들어온 고기들이 빠져 나가지 못한다. 너무 엉성하면 힘들여 물고기를 몰아도 뭔가 잡힌 것 같아 그물을 건져 올리면 다 빠져나가는 형상이다. 신문에서 읽어도 어디서 일어난 것인지 곧 잊어버린다. 현재의 일을 잘 분석해야 앞일을 예상할 수 있고, 과거를 알아야 그 사건의 근원을 알 텐데, 그것이 안 되니 기억 속에서 귀찮고 복잡해 삭제해 버리는 게 아닌가 싶다.

투자에 비해 효율이 떨어지는 게다. 전에는 듣기만 하고 발언을 하지 않으면 입이 무겁다거나 겸손하고 점잖다고 인정해 주었는데, 이제는 실력이 부족해, 자제가 아니라 못하는 거라는 게 드러나니 대하는 눈초리가 예전과 다르다. 나도 그런 자리가 불편해 잘 가지 않는다. 그래도 교회에서 설교하는 건 어쩔 수 없다. 중간을 가로채거나 중단시킬 이 없고 일정 시간이 있으니 간단한 일은 아니다. 하지만 사람에겐 놀라운 적응력이 있어 얼마가지 않아 성도는 목사의 설교에 적응을 한다.

잘하면 잘하는 대로, 그렇지 않으면 또 그런대로, 길든 짧든 형태와 내용이 어떠하든 크게 문제되지 않는다. 얼마 전에는 각오를 단단히 하고 물어보았다. 설교를 지금대로 하는 것과 더 오래 하는 것 중 어느 걸 원하느냐 했더니 지금대로 하잔다. 누군가 성경 연구를 많이 해서 설교에 치중한다기에 나도 그렇게 해야 하는가 했더니 그렇지 않다니 다행이다. 혹시나 예배의 많은 부분을 차지하는 설교에 별 기대를 하지 않는다는 의미는 아닌가 하는 기우가 들기도 한다.

글은 다르다. 말은 다른 이가 하고 있을 때, 치고 들어가기가 어렵지만 글은 언제나 혼자 주도적으로 쓸 수 있고 누가 끼어들지도 않는다. 말은 시간의 문제도 있고 시선이 부담스럽지만, 글은 내가 쓰고 있는 걸 다른 이가 모른다. 이야기하거나 발표하는 순간까지 비밀이다. 어찌 쓰건 쓰는 이의 자유다. 스스로 작가라는 즐거운 상상에 빠져 있어도 누구에게 해가 되지 않는다. 얼마나 유쾌하고 즐거운 일인가.

유명해지기 전에는 아무도 독촉하거나 보여 달라고 조르지 않는다. 또한 쓰는 만큼 편해지는 자신을 발견할 수 있다. 많이 쓰고 오래 썼다고 글이 줄줄 나오는 건 아니지만 두려움은 줄어들고, 자신감이 차오른다. 문제는 양이 아니라 질이다. 그 분야의 전문가나 혹은 여러 사람들이 보고 인정할 수 있느냐인데, 그것도 마음을 비우면 안달하지 않을 수 있다. "첫술에 배부르랴"는 속담을 생각한다. 처음부터 뛰어다닌 이가 누구인가. 뛰기 전에 걸어야 하고 걷기 전에 서야 하고 서기 전에 기어야 한다. 이 모든 과정은 연습과 실수 없이 할 수 없고 그 과정마다 요구되는 게 연습이다.

물오리도 물에 고요히 떠있으려면 물속에서 무수히 발을 움직인단다. 편안해 보여도 쉼 없는 노력이 필요하다. 내가 사회지식이 없어 상식이 허당이고 제대로 알지 못해 남 앞에서 설득력 있게 말하지 못한다는 게 변명이요 핑계임을 모르지 않는다. 아무리 타고난 재능이 없다한들 꾸준히 노력하면 중간이라도 갈 게 아닌가. 스스로 게으름을 드러내는 부끄러운 일이다. 글도 그렇고 말도 다르지 않다. 노력하지 않고 어느 경지에 오르고 싶다는 건, 감나무 아래서 잘 익은 감이 잘 씻겨 내 벌린 입으로 정확히 떨어지기를 기다린다는 것처럼 허망한 일이다.

자신을 속이기는 어렵다. 어쩌다 스스로 각성을 촉구하는 셈이 되었다. 내 기대만큼 말과 글이 따라주었으면 하는 욕망이 스멀스멀 올라온다.

내가 못 본 영화

친지 몇과 영화 《극한직업》을 보았다. 이미 천만 관객이 찾은 영화로 아무 생각 없이 보기에 즐거웠다. 영화와 그리 친하지 않아 등장하는 배우들 이름을 하나도 모른다. 마약조직을 소탕하는 형사들의 이야기라는 것만 알 수 있었다. 대사들이 웃음을 자아내고 주위 사람들이 까르르 하니 이상한 사람이 되지 않으려고 따라 웃었다. 아무런 상념 없이 두 시간 가량 몰입할 수 있어 상쾌했다. 출구를 벗어나며 모처럼 몸과 마음이 시원하다는 느낌을 받았다. 영화관 로비를 지나며 《말모이》를 보았으면 어땠을까 생각했다.

《말모이》는 조선어학회 사건을 다룬 영화란다. 우리말과 민족정신이란 면에서 한 번 보았으면 싶은 영화 아닌가. "말모이"는 '낱말 모음' 정도의 뜻을 지닐 사전을 가리키는 순수 우리말이다. 함께 영화를 본 친지들이 십여 명이니 굳이 내가 본 그 영화를 보지 않아도 문제될 게 없었고 그들 가운데 내가 제일 연장자니 다른 영화를 본다고 하면 안 된다고 할 이도 없다. 눈에 띄는 유별난 행동을 하고 싶지 않은 내 생활습관이 반영되었을 뿐이다. 내 주장을 분명하게 하지 못한다. '괜찮아.', '그것도 좋네.', '그러지, 뭐.' 내가 자주 쓰는 말들이다. 그 바탕에는 외로움이나 불안이 있지 싶다. 다른 이들과 달리 나 혼자 어떤 일을 하는 게 두려운가 보다. 혼자 한다고 해서 할 수 있는 일을 못한다거나 못 할 일을 할 수 있는 건 아니다. 오히려 많은 일을 혼자 하는 편이다. 누군가 옆에서 내 하는 일을 지켜본다면 그것이 훨씬 신경 쓰여서 자유롭지 못할 게다.

긴 세월동안 주변 사람들의 눈치를 보며 살았다면 이제 내 의견을 표현하며 살아도 어색하지 않을 처지가 되었다. "모난 돌이 정 맞는다."지만 그러면서 다듬어지는 것 아닌가. 내 의견이 없는 사람으로 무색무취, 유야무야하게 사는 것도 무가치하다 할 순 없다. 하지만 자신이 원하지 않는 방향으로 갈 때는 '나는 동의하지 않는다.'고 밝히고 원하는 방향을 제시하는 것이 경험이 좀 더 많은 이들이 해야 할 일인 듯하다. 다른 이들이 원하는 바도 아니고 그들에게 도움이 되는 일도 아닌 것을 눈치 보아 가면서 똑같이 할 일은 아니다.

이기적인 사람이 되고 싶다. 나뿐 아니라 많은 이들이 이기적으로 살았으면 좋겠다. 다른 이들의 눈치를 살피다 결정을 내린 후에야 정말로 내가 원했던 건 그게 아니었다는 식의 불평은 하거나 듣고 싶지 않다. 모두 솔직하게 자신들이 원하는 걸 드러내 많은 편을 따른다면 결론이 크게 다를 것 같지 않다. 자신이 원하는 바가 채택되면 다행이고 그렇지 않다고 해도 후회스러울 건 없다.

내 삶의 모습을 한 꺼풀 더 벗겨보면 자신 없음이 보인다. 제대로 해낼 수 없을 거라는 지레짐작과 결과를 책임지기 싫다는 마음이 어우러져 나타나는 소극적인 행태다. 책임져야 할 큰일 앞에서 주춤거리며 물러났었다. 그렇게 살아온 결과로 삶에 큰 진전이나 성취가 없었다. 지금이 내 삶의 전반부라고 우길 수 없다. 후반전 같은 삶에 몸 사리기는 처한 상황이 녹록하지 않다. 축구경기에 비유하면 후반 15분 정도에 2 : 0으로 지고 있는 셈이다. 전반에 비교적 체력을 아껴두었으니 조금 여유가 있다. 경기를 뒤집으려면 더 이상 실점을 하지 않더라도 세 골을 넣어야 한다. 기회가 올 때마다 득점을 할 수 있는 게 아니니 가능한 여러 번의 공격을 펼쳐야 한다.

내 하고 있는 일에서 한눈팔 여유가 없다. 관찰자로서 보고 분석하고 판단하고 간직해온 수들을 펼쳐볼 기회가 많지 않다. 남들은 큰 잘못 없이 마무리를 한다지만 나는 이제부터 서서히 속도를 높여야 한다. 슬픈 현실은 기술이 빼어나지 못하다는 게다. 타고난 재주 없음이 아쉽다. 하기는 탁월한 재능이 있었다면 지금까지 남의 눈에 띄지 않을 수 있었을까. 그렇다면 아무도 주목하지 않는 걸 이용해 한 수를 정확히 노리는 게다.

남들이 다 만들고 정해진 영화관에서 상영하는 걸 무얼 보느냐로 왈가왈부하는 게 우습다. 그런 영화를 감독하는 이들, 출연하는 이들, 수익성을 고려해 그 영화를 상영하는 이들이 있다. 그들이 차려준 밥상을 받는 한 소비자로서 자신의 선택권도 행사하지 못하고 한탄하고 있다.

대단한 일을 하려면 내 부실한 바탕을 다질 시간이 너무 없다는 걸 안다. 그렇다고 "모래 위에 성 쌓기"를 할 수는 없다. 더구나 날림으로 터를 다질 수도 없는 노릇이니 마음은 급하고 발만 동동 구르는 형편이다. 한 가지를 하더라도 깊은 숨을 쉬고 차근차근 기초를 다질 일이다. 주변에서 언제 그렇게 하고 있느냐는 말을 한다면 우공이산으로 대답해야 할 게다.

목표를 단순화하고 내 할 일이 아닌 것을 미련 없이 내려놓을 때다. 길지 않지만 짧지도 않은 세월이 남았다. 어떤 일이든 한 가지를 택한다면 처음부터 하기에 부족하지 않은 시간이다. 시행착오를 줄이고 목표를 향해 꾸준히 나아가야지. 쉬지 않고 가다 목적지에 이르지 못하더라도 후회나 미련은 없으리라. 그곳에서 숨이 멎고 고꾸라지면 한 평 땅 차지하고 영원한 안식에 들어가는 게다. 그때까지 타박타박 걸어가야지.

여하튼 못 본 영화 《말모이》를 텔레비전 영화관에서라도 보아야겠다.

바퀴벌레와 나

위층이 소란스럽다. 불규칙한 발자국 소리와 몇 마디 음성도 들리는 것 같다. 쿵쿵 계단을 뛰어 내려오더니 비밀번호를 누르고 큰애가 들어온다. 이층에 바퀴벌레가 나타났으니 처치해 달란다. 내 존재감이 드러나는 순간이다. 전혀 위축되거나 번거롭다는 표정 없이 곧바로 이층으로 올라간다. 흔히 걸레로 덮거나 책으로 눌러 놓고 내게 도움을 요청한다. 바퀴들은 내가 무척 두려울 게다. 나는 실수 없이 몇 겹의 휴지로 바퀴벌레를 체포해 압사시킨 후 처리한다.

징그럽다. 모양이나 소리가 몹시도 신경을 거스르고 긴장하게 한다. 한 번에 낳는 알도 많아서 한 마리만 눈에 띄어도 수백 마리가 있다고 생각해야 한다지 않는가. 죽은 바퀴를 처리하면서 나는 이제는 됐겠지 하며 더 이상 걱정을 하지 않는다. 하지만 딸들은 그렇게 깔끔한 기분은 아닐 게다. 예민하면 작은 소음에도 긴장하고 불편할 게다.

얼마 전에 밤이 늦었는데 잠이 오지 않아 텔레비전을 보고 있었다. 전등을 꺼 어두웠지만 화면에서 나오는 빛으로 바닥이 밝았다 어둡기를 되풀이 하는데 무엇인가 움직이는 듯했다. 주의해 보니 분명하다. 불을 켜니 바퀴벌레다. 재빨리 잡아 처리를 했지만 개운한 마음이 들지 않는다. 어딘가 그놈의 동료가 숨어 있을 것 같다. 자리에 누어도 사사삭 소리가 나는 것 같고 몸 어디가 조금만 가려워도 만져보게 된다.

우리 거처가 오늘날처럼 깨끗하고 위생적인 때가 있었던가. 십여 년 전만 해도 파리와 모기는 함께 할 수밖에 없는 불청객이었다. 내 어렸을 적엔 온갖 곤충들이 한 방에서 같이 공존했었다. 개미가 기어 다니는 건 예사였고 가끔은 노래기와 돈벌레, 때로는 애벌레도 기어 다녔다. 천정과 구석에 거미도 더러 있었고 벼룩과 빈대가 뛰기도 했었다. 어느 순간에는 갑자기 생쥐가 나타나 달려가기도 해 온 가족을 놀라게 했다. 문지방과 이어진 마루나 뜨락 마당은 온갖 일들이 가능했다. 그 시절에도 바퀴는 주변에 있었다. 돈을 들여 벌레를 없앤다는 건 생각하기 어려웠다.

바퀴가 지구상에 나타난 건 3억 년이 넘는다고 한다. 인류사를 배울 때 늘 보았던 오스트랄로피테쿠스의 등장이 약 300만 년 전이고 현생인류의 조상인 크로마뇽인은 3만 년 전쯤이라 한다. 단

군 할아버지가 4,300여 년 전이니 3억 년은 까마득한 태곳적 연대다. 바퀴벌레는 살아있는 화석곤충이다. 그렇게 따지기 좋아하는 선후배나 나이로 견준다면 사람은 바퀴에게 아무 말도 꺼낼 수 없는 까마득한 후배다.

어느 여행기를 읽다보니 필리핀에 있는 소문난 살기 좋은 곳 이야기가 나왔다. 그곳에 큰 바퀴벌레가 그렇게 많단다. 왜 그렇지 않으랴. 사람이 살기 좋으면 여타 생물들에게도 좋을 테니 바퀴벌레라고 예외가 아닐 게다. 아내는 벌레를 싫어한다. 시골에 가 살고 싶다는 걸 뱀 때문에 안 된다고 했는데, 휴양도시도 갈 수 없는 핑곗거리 하나를 알게 되어 다행이다.

살아있는 모든 것들이 가장 관심을 쏟는 건 생존과 번식이다. 이것도 가만 생각하면 서로 다른 것이 아니다. 지금 살아남는 게 생존이고 미래에 자신의 종족이 살아남는 게 번식이다. 그렇다면 살아남는 게 최대 관심사요, 온 힘을 기울여 이루려 하는 목표다. 현재의 우리에게도 이 두 가지 혹은 한 가지가 가장 큰 문제니 곧 돈과 사랑이요 하나로 묶으면 경제와 권력으로 상징되는 힘이다.

이 살아남기에 성공한 족속이 바퀴벌레다. 유전자 분석 결과 환경변화 감지와 해독, 그리고 신체 재생 유전자가 다른 종에 비해 바퀴벌레에서 훨씬 많았다고 한다. 이런 유전자들을 가진 그들은 또한 민첩성과 유연성이 빼어나고, 먹지 못하는 게 없단다. 어떤 이들은 인류가 멸망해도 바퀴벌레는 살아남을 거라고 말한다.

유리한 유전자도 개체가 생명을 잃으면 헛일이다. 생명유지에 필요한 민첩함과 유연성을 위해 그들은 스스로 비대해지는 걸 포기한 게 아닐까. 바퀴를 잡아보면 무게가 느껴지지 않는다. 속 날개라도 가진 날아다니는 것들의 특징이라 해도 너무 가볍고 부피감이 없다. 잡으면 반사적으로 누르게 되는데 암컷은 많은 알을 품고 있을 테지만 두께에 대한 감촉이 거의 없다. 이 땅에 살면서 먹어 비대해지는 것을 포기한다는 게 쉽지만은 않을 게다. 그렇지만 그 덕에 수억 년의 세월을 이 땅에서 살아올 수 있지 않았을까. 흔히 하늘은 한 사람에게 모든 재능을 몰아주지 않는다고 한다. 빛이 있어 밝은 곳에는 그만큼 그림자의 어둠도 짙다.

내 삶에 의미가 되는 일을 이루기 위해 반드시 소유해야 할 게 무엇일까. 또 그것을 지키기 위해 포기해야 하는 아쉬운 것들은 어떤 것인가. 누구나 돈과 명예와 권력과 건강, 게다가 가정과 사랑까지 모든 것을 다 갖기를 원한다. 불가능한 욕심이라 하면 너무 잔인한가. 포기해야 얻을 수 있다.

바퀴벌레에게서 얻어야 할 교훈이 있다면 중요한 걸 얻기 위해 덜 중요한 무언가를 과감하게 포기하라는 것일 게다. 그런데 가만, 궁금하다. 내게 포기할 무언가가 과연 있기나 한 걸까.

봄꽃들의 이야기

한동안 한두 송이 꽃 사진이 올라오다가 무리 지어 핀 모습이 여기저기서 들어오더니 며칠 전부터는 아예 한 마을에 꽃 사태가 난 것 같은 광경이 올라온다. 손 전화 속 흐드러진 꽃의 유혹에 내 사는 곳 꽃들은 어떤지 찾아 나섰다. 가경 천 둑에도 차이가 커서 완연한 봄인 곳이 있는가 하면 겨울의 잔류병들이 떠날 채비를 서두르는 곳도 있었다.

횡단보도를 건너 학교 담 아래를 지나다 좁쌀 크기 흰 꽃을 달고 있는 한 포기 풀을 보았다. 허리를 굽혀 살펴보니 작고 흰 꽃들이 주변에 조로록 피어있다. 멀고 먼 남녘부터 쉬지 않고 부지런히 달려온 꽃의 정령이 힘이 다해 이들에게서 더 나아가지 못하고 거친 숨을 몰아쉬고 있는 듯하다. 드문드문 산책하는 이들은 겨울의 매서운 손길에서 벗어나 홀가분한 마음으로 따사로운 바람과 햇살을 만나려 한다. 기특한 그 꽃 이름을 알 수가 없다. 땅에 붙은 줄기는 눈에 익숙한데 꽃은 낯설기만 하다. 별꽃 같기도 하고 냉이를 닮은 듯도 하다. 작고 연약한 모습으로 쌀쌀한 바람을 맞고 온몸의 힘을 다해 꽃봉오리를 터뜨렸건만 쓸쓸할 뿐이다. 주변의 친구들과 때를 같이하지 않고 먼저 피어난 아픔인지 모른다. 한 주만 더 지나면 당당한 모습을 볼 수 있으려나.

어설픈 내가 힘겹지, 해마다 겪는 그 꽃들은 주변의 반응에 익숙할 것도 같다. 조금은 쌀쌀한 날씨와 몇 안 되는 이들의 놀라는 모습이 이 꽃들의 즐거움이려나. 개나리 진달래가 산과 들을 수놓을 때에는 이들은 자리를 거두며 선구자 같은 스스로의 역할에 만족할 수도 있겠다. 여러 생각이 인간의 어설픈 우려일 뿐, 정작 그들은 모든 것을 초월하지 않았을까. 사는 곳 어디든 겨울을 뚫고 달려와 지난해의 추억이 남은 누런 풀들 가운데 눈에 띌 듯 말 듯 푸른 점 되어 하늘 향해 하얀 풀꽃 한 송이 피우고 큰일 하나 했다고 만족해 할 것만 같다. 지난해 떨어진 낙엽 다소곳이 옆에 자리하고 겨우 눈 닿는 곳에 조급한 풀들이 추위에 퍼렇다. 홀로 봄을 알리는 자부심으로 약한 향기 살랑바람에 날려 보내며 꽃술은 으쓱하는 듯하다. 허리를 펴고 흰 꽃들에게 잘 있으라는 눈인사를 건넨다. 이내 자세를 바로하곤 아쉬움을 감추고 아무렇지도 않은 듯 몸을 흔든다.

냇가를 따라 시장 쪽으로 천천히 걸어가며 발밑을 살핀다. 며칠 전 큰개불알풀이라는 이름과 달리 작고 연약한 모습으로 두세 송이 꽃이 외롭게 피어난 걸 보았다. 오늘은 더 많은 친구들과 청초하고 파란 모습으로 무리지어 피어나 산책하는 이들 걸음을 멈추게 하려나. 어떤 이들은 그저 씩씩하게 자신들의 길을 가고, 다른 이들은 느적느적 다가오는 봄을 몸으로 맞이할 뿐이다. 의기소침한 그들 앞에 선다. 포장된 둑길과 개울로 향한 경사면 사이에 듬성듬성 쌀알만 한 꽃들이 내 눈에 들어온다. 파란색을 따라가다 보니 꽤나 많은 별모양의 꽃들이 웃는 듯 나를 보고 있다.

기특하고 고맙다. 하루라도 일찍 내 앞에 나타나 봄이 뒤따라온다고 알려주려는 마음을 안다. 방송화면과 손 전화 속 꽃들처럼 화려하지 않아도 마주하는 여리고 작은 꽃들은 감격을 준다. 화원에서 언제나 만날 수 있는 꽃들이 아니라 냇가와 노변에서 만나는 이들이라서 더욱 푸근하고 친숙하다. 서둘러 오느라 화려하게 치장까지는 못한 듯하다. 한발이라도 '먼저'가 급했을 게다. 꽃의 정령은 숨이 넘어가도록 달려와 둑길에 자리 잡고 봄을 풀어놓아도, 마음 쓸 일이 무에 그리 많은지 지나는 이들은 무덤덤할 뿐이다. 그래도 자신을 찾아준 꽃들이 고마워 날나다 목청을 돋우는 냇물 소리가 반갑고 위안이 되리라. 올 들어 유난히 늘어난 얼굴 가린 산책객들로 눈에 익은 반가운 이들 몰라보지는 않으려나. 꽃들의 피곤한 모습이 역력하다. 먼 길을 달려온 채로, 보아주는 이 적은 길가에서 무거운 꽃잎 떠받치는 일이 쉽지 않은 듯, 아직 한낮인데 고개 숙인 꽃들이 적지 않다.

눈에 들어오지 않던 여린 꽃들이 점점이 자리하고 있다. 내 발에 밟히지 않는지 조심스럽다. 망설임 끝에 쪼그려 앉으니 꽃들의 소리가 들리는 것 같다. 자신들이 피어난 날들을 앞 다퉈 재잘대며 눈에 띄게 줄어든 지나는 이들의 무관심에 서운해 하는 듯하다. 남쪽에서 겨울을 뚫고 달려온 봄꽃의 정령들이 우리 형편을 알 수는 없었을 게다. 그리 춥지는 않았지만 어깨 움츠러들고 힘 빠지고 한숨 새나오는 일들이 여럿이었음을 이제 와서 말해 무엇하랴.

어느 해나 눈 내린 칙칙하고 희부연 겨울을 지나, 꽃피고 새들 지저귀는 봄을 맞으며 가슴 속 깊이 상쾌한 바람 들이쉬며 새 힘을 얻었지. 노란 개나리 분홍 진달래 하얀 벚꽃이 흐드러지면 또 한 번 신나는 날들이 올 걸 기대했었네. 마음 급한 이들은 흐릿한 하늘 아래 봄 찾으러 개울둑 산속을 헤매고, 그들처럼 성미 급한 풀꽃 한두 송이 만나면 찾아온 봄을 확인하고 안도했었지. 봄은 성격 급한 사람들을 만나려 먼 길을 달려왔네. 먼저 온 꽃들은 길어져 가는 봄날 따사로운 햇살을 이기지 못해 바람 탓인 양 꽃잎들을 숙이고 졸고 있었지. 채 풀지 못한 피곤에 꽃잎 조금 가리고 하품하는 소리가 집으로 돌아오는 내 귀에 끊일 듯 여리게 들려오는 듯하다.

삼류소설

온라인 중고서점에서 책을 살 때가 자주 있다. 눈에 익숙한 제목의 책들을 읽다가 때로는 현대물이 생각나 최근의 소설을 주문해 읽기도 한다. 현역작가들 중에 이름 있는 이들은 아무래도 나이가 적지 않으니 가까운 흐름을 호흡하고 싶어 익숙하지 않은 이들의 책을 골랐다. 상·하로 된 몇 권의 책을 읽으며 이상한 생각이 들었다. 2000년대 이후의 젊은 작가들 작품을 읽는 게 아니라 삼류소설을 읽고 있는 게 아닐까 하는 의구심이다.

흔히 사실에 근거하지 않은, 의도성을 지닌 이야기를 할 때 소설을 쓰냐고 하고 내용이 치졸할 때 삼류소설을 쓰고 있다고 한다. 현실에서 삼류소설을 쓰는 이들은 누굴까. 또 삼류소설의 의도와 용도는 어디에 있을까. 문학을 공부하고 소설을 쓰려는 이들은 적지 않다. 각고의 노력에도 불구하고 자신의 작품이 인정받지 못하고 경제적으로 가정을 책임지기 힘겨울 때, 독자들이 흥미를 갖는, 시류에 영합하는 자극적이고 감정을 소모케 하는 작품을 써 보라는 유혹을 받지 않을까. 인간관계나 경제적 어려움에 한번 손을 댔다가 자신의 작품이 유통되고 독자들에게 읽힌다는 것을 생각하면 그만두기 쉽지 않을 게다.

삼류소설은 쓸모없고 해롭기만 한 것인가. 그렇지 않다. 여러 면에서 쌓이기만 할 뿐 해결되지 않는 울분과 피로를 어찌할 것인가. 범죄나 파괴적 행동, 술이나 도박보다 삼류소설을 읽어 해소할 수 있다면 얼마나 다행인가. 출판사는 나름대로 버텨나갈 수단이 되고 작가에게도 생활의 한 방편이고 독자에게 어려운 삶의 탈출구가 된다면 그 나름의 역할을 해내는 게다. 그렇게라도 책과 접하다보면 더 양질의 서적도 읽게 되고 삶에 크게 유용한 책읽기의 출발점이자 통로가 될 수 있을 것 같기도 하다.

알지 못하고 헛다리 짚는 얘기일지 모르지만 읽어본 몇 권의 책에서 받은 느낌은 흡인력도 상당하고 글의 구성이나 어휘력도 허술하지 않다는 것이다. 하지만 내가 읽은 책들에서 현실인식을 찾을 수는 없었다. 마치 무협소설의 배경처럼 현실과는 유리되어 있었다. 필연성도 왜 꼭 그래야 했는지 이해하기 어려웠다. 원초적 본능을 자극하는 장면들이 여러 곳에 배치되어 있었다. 그런 소설을 찾는 독자들의 성향에 맞춘 것이라 짐작한다.

시도해 보았지만 독자들이 원하지 않아서인지, 기획자들의 의도에서인지 현실의 문제를 찾아내고 제시하는 것은 찾기 어려웠다. 마치 중·고교 학창시절, 걸을 때는 시선을 15도 상방을 보라고 했던 것 같은데 이런 작품은 지면에 눈을 내리깔고 주울만한 게 없을까 하는 것 같다. 먼 곳을 보지 않고 발밑만 보는 것 같은데 그 발밑도 문제의식을 가지고 치열하게 바라보지 않는다. 읽는 이들로 깊은 생각, 고민을 하게 하지 않는다. 궁금해서 빨리 읽게 할 뿐, 왜 무엇 때문에가 약하다. 자신의 쾌락과 욕구를 채우고 문제를 해결하려는 면은 강한데 우리와 사회와 인류를 마음에 담은 것 같지 않다.

자신의 문제를 치열하게 해결해 나가는 것이 모두의 문제를 풀어내는 길일 수도 있다. 내가 겪는 일이 더 힘들고 독특하다고 생각하지만 대부분의 문제는 모든 이들이 유사하게 경험하는 것들이다. 치열하게 정공법으로 문제풀기를 회피하고 있거나 아예 그런 문제를 도외시하고 이성과 합리보다는 자극과 경쟁을 따르고 화해와 배려보다 승리와 원하던 바의 성취를 향해 촉수가 뻗어있다는 느낌이었다.

인류의 고전이라는 작품들을 다른 말로 문제작이라고 한다. 해결이 어려운 묵직한 문제를 독자들에게 던져주는 것이다. 힘겨운 세상에 짐을 하나 더 지라는 게다. 짐을 지고 힘겨움 속에 고민하다보면 정답은 없지만 그 언저리의 어렴풋한 해결책이 떠오르는 것 아닐까. 인류가 오랫동안 고민하고 찾아온 것들을 대를 이어

물려받는 것이 지성을 이어가고 갈고 닦는 길이다. 자신을 찾아내고 상대를 알며 존중하고 함께 살 길을 모색하는 게다. 천재들이 아니면 그에 이르는 길을 단기간에 닦을 수 없다. 그러니 고통스런 지난한 길이 문학의 길이요, 작가의 삶이다. 쉽게 편법으로 찾으려 하면 모조와 불량을 벗어나기 어렵고 항상 뭔가가 조금씩 아쉬움을 금할 수 없다.

여러 번 시험과 과제를 치르면서 한두 시간이 부족함을 느껴왔다. 조금 더 시간적 여유가 있었더라면 좋은 결과를 기대할 수 있었는데 하는 아쉬움은 시작이 늦고 준비가 소홀했다는 반증이다. 인류사에, 생전에 인정받은 화가보다 사후에 정당한 평가를 받은 이들이 많아 보인다. 현실이 암담하고 우울해도 자신이 가는 방향이 바르다면 좌고우면하지 않고 고집스레 앞으로 나아가는 이들이 인류의 정신사에 길을 내는 이들이다.

생각이, 사색이, 고민이, 철학이, 사상이 빠져있는 것이 삼류소설의 문제가 아닌가 한다. 그 길에 서는 게 간단치는 않지만 부단히 노력하는 수밖에 없다. 나 자신은 삼류소설도 쓰지 못하고 대단한 이들이 이루어 놓은 결과를 정확히 이해하는 것도 힘에 부친다. 짧은 글을 산발적으로 쓰고 그나마 혼자 갈무리하는 게 고작이지만 눈높이를 낮추고 싶지는 않다. 내 삶에 무슨 기억할 만한 작품을 기대할 수 있을까만 긴 글, 대작만이 의미가 있는 것은 아니지 않는가.

눈 어두운 나는 그저 검증된 고전 위주로 독서를 이어가야 할 듯하다. 내게 읽어달라고 아우성치는 책들보다 한층 오만하고 무관심한 척 구석에 자리한 두꺼운 책들을 꺼내어 보아야 할 것 같은 의무감이 든다.

안타까운 그대여

어느덧 절정이다. 유리창 너머 아파트 마당에 붉은 색 장미가 그득해, 장미정원이라 불러도 손색이 없다. 문 앞으로 난 길을 따라 꽃송이가 큼직한 진홍 장미가 줄지어 있어, 나 혼자 장미거리라 부르며 즐기고 있다. 이삼 분 걸으면 만나는 학교 울타리도 빨갛게 흐드러졌고, 가경천변의 어느 주택단지 담장에도 줄지어 피었다. 걷다보면 장미꽃잎이 길바닥에 쌓여 있다. 어디서나 볼 수 있고 발에 채일 만큼 흔하니 천덕꾸러기 같은 느낌도 든다.

꽃의 귀족, 꽃의 여왕이라 불리던 장미였다. 사랑을 고백할 때 주는 꽃, 결혼식 부케에 단골이요, 축하할 일에 건네지던 신분이 어쩌다 그리되었는가. 얼마나 귀하고 사랑받던 꽃이었나는 영국 역사에 삼십 년이나 지속되었던 왕위 계승 전쟁을 장미전쟁이라 부르는 것만으로도 넉넉히 알 수 있지 않을까. 유력한 두 가문 문장(紋章)에 새겨진 꽃이 붉은 장미와 흰 장미여서 그런 이름이 붙었더랬다.

중세의 명화 '비너스의 탄생'에 장미꽃이 여러 송이 흩어져 있다. 아름다움, 열정의 의미를 담고 있을 게다. 비너스가 그리스 식으로는 아프로디테다. 바다의 거품에서 나온 여신으로 가장 못생긴 대장장이의 신 헤파이스토스의 부인이 된다. 자신이 직접 많은 염문을 뿌렸을 뿐 아니라 헤르메스와 사이에서 사랑의 전령 신, 에로스를 낳는다. 그러고 보면 비너스는 그 자체로 장미였던 셈이다.

역사와 문학에서 아름다운 여인으로 인해 많은 사건들이 일어났다. 얼마나 그런 일이 많았으면 미인계(美人計)라는 술책이 나왔을까. 아름다운 그들은 개인적으로 행복했을까. 뭇 남성들의 무장을 해제시키고 시선을 끌어당기는 강렬한 매력에 주변 사람들이 다툼을 일으키고 나라가 위태로워진 일도 많았다. 미(美)를 추구하는 게 인류의 보편성이요, 아름다움이 개인의 강력한 무기라 해도 그 밝고 어두운 면을 가리기는 쉽지 않을 게다. 빼어난 미녀들이 평범한 삶을 살아가기 어려운 것은 옛날부터 오늘에 이르기까지 이어져 온 현실인지도 모른다.

자연 생태계에는 천적(天敵)이 있다. 서로 먹이사슬을 이루어 한 종류가 지나치게 번성하는 걸 막는다. 장미도 천적이 있을 게다. 장미 잎을 갉아먹는 벌레를 보았다. 얼마나 먹성이 좋은지 가지만 오소소 남고 그 가지에 가시들만 삐죽삐죽 솟아 있었다. 이런 천적마저 없어지면 스스로 약해져 개체수가 줄어든단다. 자연의 오묘한 이치 아닌가.

하지만 인간의 지나친 개입이 이 균형을 무너뜨렸다. 이목을 집중시키는 아름다움에 지속적인 개량이 이루어졌다. 현재는 약 15,000여 종의 장미가 있다고 한다. 아름다운 것에 마음이 가고 아름다움을 갖길 원하니 다른 품종보다 장미를 유독 선호하게 되었다. 담장에 소담스레 빨간 장미들이 피어있는 언덕 위 하얀 집, 울타리가 밝은 노랑으로 뒤덮인 학교, 상상만 해도 우아하고 고상한 품격이 느껴지는 듯하다.

과유불급이랄까. 아파트단지 울타리, 경찰서 담, 호젓한 곳으로 접어드는 길 양편, 긴 학교의 담장. 어딜 가나 눈에 띄는 붉은 장미가 이제는 식상하고 천편일률(千篇一律)이라는 생각이 든다. 어쩌면 이토록 개성도 없고 생각이 짧을까. 다른 나라를 별로 가보지 못해서 우리나라만의 풍경인지는 모르겠다. 어떤 게 지나치게 많을 때, 지천(至賤)으로 널렸다고 말한다. 많으면 천해지고 귀한 대우를 받지 못한다. 애쓰지 않아도 쉽게 접할 수 있어서다. 그 반대 상황이 '희귀(稀貴)'이다. 그런 존재는 단지 수가 적어 귀하게 대접을 받는다.

우리 선조들이 느끼는 아름다움은 생활 속에서 치우치지 않는 은은함이었다. 주변으로부터 어긋나거나 도드라지지 않아 있는지도 모를 정도였다. 막사발이 그러하고 반닫이, 소반, 지게, 호미 어느 하나 다르지 않았다. 그 조상의 후손으로, 오늘의 내가 너무도 경박하지 않은지 돌아보게 된다. 남들이 가지면 나도 가져야 하고, 적어도 뒤지면 안 된다는 경쟁의식이 가득하고 그것을 채울 수 없음에 낙망한다. 그 밑바닥에는 자신이 철저히 빈 수레임이 드러나는 걸 두려워하는 불안이 있다.

어린 시절 집 뒤편, 학교로 가는 길에 야트막히 퍼져 앉은 찔레나무가 있었다. 아마 이때쯤 하얀 찔레가 피었었을 게다. 그 시절 청초했던 그 모습이 아련하다. 요즘도 산에서 어쩌다 만나는 그 모습이 장미보다 더 감동을 주고 그리움을 자아낸다. 밤새 내린 비를 함초롬히 맞고, 활짝 핀 얼굴에 아침 햇살들이 부딪칠 때, 부지런한 벌들이 찾아드는 찔레꽃 풍경은 내게 편안함을 준다.

담장을 따라 땅에 떨어져 뒹구는 붉은 장미 꽃잎을 보며 느끼는, 흔해졌다는 감상은 장미에게 이롭지 못한 것일까. 자주 보이고 발아래 밟히니 품격이 낮아진 것인가. 그렇다면 그 책임은 누구에게 있는가. 아름다웠던 장미와 그 꽃을 지나치게 탐했던 인간들, 양편 모두에게 반반씩 아닐까.

그럼에도 장미가 없는 오월과 유월은 너무도 우울하리라. 매번 장미의 계절이 지나고 나면 여전히 그들이 그리워지고 애타게 생각나는 것은 내가 이미 어찌할 수 없는 미(美)의 포로(捕虜)가 되어버린 탓일까.

서러운 퇴장

우리는 즐거웠다. 적어도 외롭지 않았다. 다섯 가정이 함께 모여 찬양을 하고 맛있는 것을 먹으며 이야기했다. 밤이 늦어 헤어지면서도 아쉬워했다. 서로 무엇을 나눌 게 없는지 찾았다. 문밖에 서서 인사말을 건네며 하나둘 돌아가는 그때에 몇 대의 차들이 조용히 내가 선 곳으로 다가오고 있었다. 윗부분은 번쩍거리고 있었지만 소리는 나지 않았다.

119 구급차였다. 분주한 움직임이 이어지고 누가 죽었느냐 물으니 그런 것 같은데 잘은 모르겠단다. 모두가 사생활보호에 걸리지 않으려 조심하는 것 같다. "지난 일요일에도…" 하는 얘기가 들리는 듯도 하다. 집으로 들어오니 옆집 뒷방에 세를 살던 사람인 듯하단다. 한 번도 본 적이 없다. 언젠가 빨래가 널려 있었던 것을 보았나 보다. 조용한 소란은 곧 걷히고 아무 일도 없었던 듯 마을

과 이웃은 침묵으로 돌아와 있다. 그때 밖에 있지 않았다면 알 수 없었던 일이다.

아버지 돌아가시던 때만 해도 초상이 나면 며칠 밤 그 집에 불이 꺼지지 않았고 시끄러운 소리들이 이어졌다. 조문객이 드문드문이라도 이어지고 밤을 새우려는 이들도 생기고 그때를 고대하고 푼돈이라도 챙기려는 노름꾼들도 자리를 지키곤 했었다. 옆집은 밤새 고요했다. 구급차가 떠나가고 잠깐 머물던 이들이 자리를 떴는지 조금도 달라진 게 없었다. 늘 닫혀있던 문도 여전히 그대로였다.

얼굴을 본 적 없고 이야기 한마디 나누지 않았지만 죽었다는 생각을 하니 마음이 좋지 않고 조금은 두렵고 께름칙하기까지 하다. 죽음의 기운이 스멀스멀 돌아다니는 것 같고 자리에 누워도 잠이 오지 않는다. 이 땅에서 퇴장하기 전에 동네에 소문이 돌고, 일을 당하면 온 마을에 알리고 떠들썩하게 작별하던 지난날과 아무런 흔적도 없고 옆집도 모르게 이 땅에서 사라지는 오늘의 차이가 무얼까. 일하는 곳과 사는 곳이 철저하게 분리되어 그런 건 아닐까.

아버지 세대 이전에는 일터와 사는 곳이 크게 다르지 않았다. 한동네에서 농사짓고 돼지치고 새끼 꼬고 동네일을 의논했다. 아이들은 동네에 있는 같은 학교에 다녔다. 한 우물을 먹었고 여인네들은 빨래터에서 만나고 남정네들은 들판에서 만났다. 일을 마치면 여가를 보내는 것도 함께 할 수밖에 없었다. 생활이 조금 나은 집안의 큰일에는 덕을 보는 게고, 어려운 집의 큰일은 도와주어야 할 일이니 모두가 마을의 일이었다. 시집장가를 가도 서로 아는 이들이고 초상을 치루면 동네사람들이 상여를 메고 동네 양지바른 곳에 모셔야 했다.

이제는 이웃에 누가 사는지 잘 모른다. 집 앞에 가서 문을 두드려도 잘 열리지 않는다. 휴대전화로 통화를 하거나 비밀번호를 알아야 들어갈 수 있다. "집에 있는가?" 하고 큰기침과 함께 삐거덕 문을 열고 마당에 들어서면 마루 위에서 한지 바른 안방 문이 열리고 "들어오세요." 하던 시대는 다시 오지 않는다. 차를 타고 삼십 분, 한 시간 가는 곳에 일터가 있고, 직장에서 돌아오면 바람도 들어오지 못하는 철문 안에 갇힌다. 한 지붕 아래 한 마당을 쓰며 사는 이들인 것 같아도 고층아파트 사람들은 서로를 모른다. 우리 사회에서 들리는 가족이 제일이라는 말은 자기가 약간 확대된 이기주의에 다름 아니다.

이 땅에서의 서러운 퇴장은 점차로 늘어날 게다. 많은 이들은 깊이 뿌리내렸던 고향으로부터 뽑혀 야트막하고 불안하게 여기저기를 옮겨가며 살고 있다. 서로가 흐르며 스치는 이들이니 깊게 사귀려 하지 않는다. 일터에서 만난 이들은 일 관계가 끊어지면 더 이상 이어지지 않는다. 땅에 가까이 살던 이들이 이젠 높이 솟은 건물에 산다. 서로 수평하게 단층에 살던 때에는 자주 마주치고 인사하고 살았지만 층이 다른 요즘은 만날 일이 별반 없다.

같은 라인에 살아도 같은 위치에서 밥 먹고 자고 텔레비전을 보고 배설을 해도 나와 너는 서로 알지 못한다.

수도가 들어온 후로 서로 만날 우물가가 사라졌다. 집마다 냉장고가 있어 남은 음식은 그곳에 넣지 이웃과 나누지 않는다. 카드가 있어 신용대출을 하지 옆집에 빌리러 가지 않는다. 허술한 문을 갈아 쇠대문을 닫으면 바람 한 점 들어오지 않아 안전하다. 찾아오는 이들은 없어도 텔레비전만 켜면 즐겁게 해줄 이, 잘생긴 이, 노래 잘하는 이가 수두룩하다. 언제나 그들이 나를 바라보며 모든 걸 채워주니 외로울 새가 없다. 그들이 싫증나면 인터넷에도 가득하고 휴대전화에도 재밌는 일들이 널려있다. 나는 그들을 속속들이 알고 있는데 그들은 나를 모른다.

어딜 가나 사람들이 이어폰을 끼고 산다. 혼자 걸어가며 대화하니 이상하다. 밤이 되면 턱밑에 불빛을 비추며 무언가를 하는 모습이 그 옛날 귀신놀이를 하는 것 같다. 잘 익은 옥수수 알처럼 서로 의지해 살아가던 이들이 언젠가부터 상자 속 포장된 사탕처럼 저마다 살아가며 함께 살고 있다고 착각을 한다. 가만히 생각해보니 몇 달 동안 우리 집에 온 손님도 얼마 되지 않는다.

잠은 저 멀리 달아나고 생각은 많아지고 이 땅을 떠나간 얼굴도 모르는 서러운 그 사람은 지금 어디쯤 가고 있을까. 마음이 편하지 않다.

한밤의 일탈 -심야 영화

아침 아홉 시에 시작하고 요금이 절반 수준인 조조영화에 맛들인 친구들이 또 영화를 보자고 한다. 무슨 영화를 볼 건지도 모르고 그냥 하자는 대로 따라가 본다. 이번에는 아침 시간대가 서로 맞지 않아 심야영화를 보기로 했다. 아예 하루를 잡아서 아침부터 하루 종일 놀아 보잔다. 그래도 스스로 반듯하다고 생각하는 이들이 무슨 호기가 생긴 것인지 반대가 없다. 여태껏 시도해 보지 않은 일을 마음 맞는 편한 이들과 한번 해보자는 것 같다.

그렇다 해도 나는 어쩔 수 없이 해야 할 일들이 있고 미뤄둘 수도 없어 점심까지만 함께하고 심야 영화에 합류하기로 했다. 대략 알아본 시간은 밤 열 시쯤 시작하여 두 시간 가량 하리라는 것이었다. 낮에도 생활과 밀접한 익숙한 곳 아니면 돌아다니기를 싫어하는 것이 내 성격이니 밤에는 더욱 집 외에는 다니지 않는 편이다.

밤 아홉 시가 넘어서 전화를 해 본다. 그때까지 다들 찜질방에 있다고 한다. 그러면서 덧붙이는 말이 심야영화는 열한 시 사십 분에 시작해서 한 시간 사십 분을 한단다. 그 목소리가 신이나 들떠있다. 그냥 헤어져 집으로 가자고, 나는 나가지 않았으면 좋겠다고 했더니 계획했던 대로 끝까지 오늘 일정을 진행하잔다. 이 무슨 일들인가. 열 시가 넘어서 식당에서 영화관으로 향해 가고 있단다. 나 때문에 심야영화를 보자고 했으니 뭐라 할 수도 없고 아내도 상황을 아는지라 잘 갔다 오라고 한다.

문을 나서니 눈발이 날린다. 늦은 밤에 눈까지 내리니 운전하기 꺼려지고 버스타기 힘든 시간이니 택시를 타야겠다. 평소엔 많아도 타려하면 잘 오지 않아 흩뿌리는 눈을 맞으며 적잖은 거리를 걷고 난 후에야 택시를 타고 영화관까지 갈 수 있었다.

영화가 시작되려면 아직도 한 시간 가까이 남아있다. 육십 대의 중년 남자 넷이 앉아 주제(主題) 없는 이야기를 한다. 그야말로 시간 죽이기. 대화는 중구난방으로 튀어 휴대폰과 가정의 통신비, 자녀들의 취직과 결혼, 늘어나는 수명과 정년, 음악과 여가생활 등 끝이 없다. 어느새 팩 콜라와 팝콘을 사다 옆에 두고 아무 제한도 격식도 없이 우리의 화제는 온 세상을 누빈다. 꼭 반응을 보여야 하는 것도 아니고 반드시 들어달라는 것도 아니다. 그냥 푸념일 수도 있고 농담일 수도 있는 가벼운 일상들이 대화 속을 떠다닌다. 시간이 늦으니 사람들 별로 없어 눈치 볼 일 없이 부담 없는 얘기 끝에 툭툭 털고 일어나 상영관으로 가며 물으니 "토르"라는 외화를 본다고 한다.

'피곤한 시간에 왜 말도 제대로 안 들리는 외화를 보나' 하는 생각은 나만의 걱정인가 보다. 관객은 몇 되지 않아도 음향은 그대로. 영화가 진행 중인데 내용은 제대로 알 수가 없다. 다른 이들은 내용을 파악해 가면서 보는가 모르겠다. 그냥 아무 생각 없이 영화에 빠져든다. 큰 화면에 시원한 액션, 활기찬 음향, 광대한 규모가 여러 볼거리들이다. 배우 구분도 제대로 안 되니 답답한 일이긴 해도 내 전공이 아니고 오락거리니 부담스럽지 않다. 초반에는 이렇게 백 분을 어떻게 버티나, 이 늦은 시간에 돈 버리며 왜 이러나 싶더니 걱정 없이 기분전환 겸 눈을 즐겁게 하기에는 그만한 가치가 있을 것도 같다.

많은 이들이 보고 듣는 영화나 음악은 시대의 흐름과 고민을 제대로 짚어낸 사회의 공감 언어인데, 남들은 이야기를 꾸미고 흥행작을 만들어 내는데 그것을 보면서 이해도 못하는 것은 큰 괴리감을 갖게 하는 일이다. 사람들이 관심을 갖고 함께 하는 일에 너무 소홀했나 보다. 그렇게 친다면 그런 것이 어디 한둘인가. 정보 홍수 시대에 정보의 획득과 생산 전파의 역량이 전무한 상태가 아닌가. 이런 일을 만날 때마다 마음이 잡히지 않는다. '그냥 이대로 살아? 아니지, 아직도 살아갈 날이 무진장인데 지금부터라도 익혀서 시대와 호흡하며 살아야지.' 매번 다짐은 그렇게 하지만 실천이 쉽지가 않다. 그래도 마음이 있으면 기회가 오겠지, 남들 하는 것 왜 나라고 못할까, 재능이 없으면 조금 더 노력하면 되는 것이지.

부담을 떨치니 그래도 아쉬움 속에 영화가 끝이 났다. 집으로 오는 길에 영화의 여운이 채 가시지 않는지 차가 다니지 않아 휑한 도로를 친구는 기교를 부리며 운전을 하고 한 친구는 이런 날도 필요한 거라며 거듭 강조를 했다. 밤 시간을 모르던 이들이 한밤의 심야영화까지 기분전환과 삶에 활력이 되기를 바라며 어쩌면 생에 처음으로 시도한 것일 수도 있는 긴 일탈을 끝내고 귀환을 했다. 새벽 두 시가 다 되어 집에 왔지만 조금 마신 콜라 탓인지 쉽게 잠들지 못했다.

다음날 영화관에서 이해 못한 "토르"를 인터넷으로 검색을 하고 "토르 후기"를 읽어 본다. 역시 낯선 어휘들. 익숙해지기에는 만만치 않을 듯, 수많은 시간과 노력의 투자를 요구하는 것 같다. 두 시간 가까이 투자한 영화와 인터넷 검색에서 '다크월드, 아스가르드, 토르, 로키, 에테르, 지하 감옥, 컨버젼스, 다크엘프, 환타지' 같은 조각난 부스러기들이 우수수 떨어져 나온다.

K형, 한 번은 깊은 고민을

지난 2월 12일 새벽이었습니다. 시간도 기억하고 있지요. 5시 40분이 조금 안 되었을 때였지요. 또렷하게 "최 목사님, 계세요?" 하는 음성이 들렸습니다. 헌데 그 목소리가 귀에 익었습니다. 누굴까, 서너 분의 인상이 스쳐 지났습니다. 관계에 따라 부르는 명칭이 다릅니다. 두 최 목사와 김 목사를 지나 K형이 떠올랐고 그렇다는 확신이 들었습니다. 동시에 '아니, 그분이 이 시간에 왜' 하는 의문이 일었습니다.

가만히 생각하니 대문이 잠겼습니다. 목소리가 약간 서글픈 듯도 했습니다. 오후 내내 참았다 잠들기 전에 아내에게 이야기했습니다. 이튿날에는 지인 한 분에게 지나는 투로 전했습니다. K형 신상에 좋지 않은 일이 있는 건 아닌지 염려했습니다. 통화를 할까 했지만 생뚱맞아 하지 못했습니다. 열흘쯤 지나 밴드에서 아무

일이 없다는 것을 확인할 수 있었습니다. 학기가 시작되면 한 주일에 한 번꼴로 만나니 첫 주에 대화를 나누어야지 결심했습니다. 누구나 한 번은 피할 수 없는 일이고, 후회하지 않을 만큼 내 할 일을 해야지 하는 마음이었습니다. 두어 주 K형은 강좌에 참여치 않았습니다. 그 결심이 약해지고 어느 순간 잊기도 했습니다.

그 일이 있은 후로 100여 일이 지나갑니다. 더 이상 늦추기 어렵고 대면해 말하는 것보다 시간을 절약하고 보존성도 가질 겸 글로 써보려 합니다. 예전에 한 모임에서 수술을 앞둔 연만하신 분께는 사후를 준비해 두시는 게 좋지 않겠냐 했습니다. 두 해 전에는 존경하는 분이 입원한 후로 찾아뵙고 한 번 내 할 일을 한다는 게 차일피일하다 그만 그분이 황망히 삶을 마감하셔서 아직도 후회가 남고 빚을 갚지 못한 마음을 가지고 있습니다.

이만큼 살고 나서 느끼는 바가 준비하는 게 지혜라는 겁니다. 어떤 일이든 준비하면 좀 더 잘할 수 있고 덜 당황합니다. 처음 맞이하는 일은 불안하고 두렵습니다. 하지만 여러 경우의 수를 준비해두면 침착하게 임할 수 있고 덜 불안합니다. 어쩌면 인류가 종교를 갖게 된 것이 두려움과 불안에서였을 겁니다. 하지만 근대를 지나며 인간은 과학에 힘입어 많은 두려움에서 벗어났습니다. 벼락과 지진, 홍수와 가뭄, 태풍과 해일 같은 재해의 원인이 알려지고 무서운 질병들도 더 이상 두려움의 대상이 아닙니다. 이제 인류에게 남아있는 마지막 두려움은 죽음일 겁니다.

오해의 소지가 있긴 하지만 제가 알고 믿는 대로 피력할 수밖에 없음을 이해해 주기 바랍니다. 죽음까지는 모든 종교가 크게 다르지 않다고 생각합니다. 거기까지는 종교는 선(善)하게 살자는 가르침이라는 것에 동의합니다. 어쩌면 죽음의 순간 이후에 참 신앙의 진가는 드러나는 것 아닐까요?

어느 종교는 죽음 이후의 일을 말하지 않습니다. 윤회의 세계관을 가진 일군의 종교는 그 굴레에서 벗어나는 걸 해탈, 열반이라 합니다. 분명한 사후세계를 가지고 있는 종교는 사후세계를 둘로 나눕니다. 크게 천국과 지옥이라 하면 그 둘을 가르는 이가 절대자 곧 신입니다. 그 신이 없다는 가치관으로 살아가는 이가 무신론자입니다. 신을 믿는 이들은 그분이 삶의 바닥이 되어 주어, 삶의 바닥이 분명합니다. 때로 흔들리기는 하지만 끝없이 추락하지는 않고 넘어져도 끝내 일어납니다.

바닥이 든든하고 궁극적으로 내 편인 신과 연결되어 있습니까. '당신은 죄인입니다.'라는 말은 그분과의 관계가 단절되어 있다는 겁니다. 그분이 자신의 피조물인 인간들과의 단절을 안타까이 여겨 관계회복의 길을 연 것이 예수요 십자가입니다. 그 마음을 알아 내민 손을 잡는 게 예수를 받아들이는 것이고 그게 믿음입니다. 단절을 잇는, 관계를 정상화하는 이가 그분이 보내시는 성령입니다. 성령이 있는 이가 그분의 사람이고 천국의 국민입니다.

착하게 살았는가, 얼마나 선한 영향력을 끼쳤는가가 아니라 그분과 통하는 존재인가가 핵심입니다. 철 성분의 물건이 자석에 붙듯, 그날 천국에 속할 이들이 성령의 사람들입니다. 선악으로 판단 않는 이유는 천국에 어울리려면 온전히 선해야 하는데 누구도 그렇지 못하다는 겁니다. 모두 불합격인 수준이어서 새로운, 누구나 할 수 있는 기준으로 다시 세운 게 예수님의 십자가입니다. 인류의 채무증서를 그분이 찢어 무효화 한 겁니다. 그 행위를 수용하는 이들은 빚 없는 자유인으로 당당하게 사는 천국의 시민입니다.

죽음은 더 좋은 곳으로 이사하는 겁니다. "개똥밭에 굴러도 이승이 낫다."고 하지만 천국의 확신이 있는 이들은 그렇게 여기지 않습니다. 이 땅에 사는 동안 영원으로 가는 길을 찾아 영원을 사는 이들은, 그 삶에 가장 큰 가치를 두고 다른 이에게도 알려주려 합니다. 그걸 전도라 합니다. 그 비밀을 알고 성령의 지배를 받는 이들은 삶의 가장 큰 목적을 이룬 것이어서 그 기쁨과 감사로 살아갑니다. 불안 속에 천국가려고 전전긍긍하는 게 아니라 약속을 믿고 생활 속에 체험하며 당당하게 살아갑니다.

홀로 살다보면 그 감격과 기쁨이 약해질 수 있어 정기적으로 모여 새 힘 얻는 곳이 교회입니다. 교회가 어려움에 드는 건 규모가 커져 힘과 이권이 생길 때입니다. 작을 때에는 핍박을 받아도 그 순수성이 훼손되지 않습니다. 반대로 힘이 있으면 위기를 맞습니다. 교회가 세속의 가치관에 물들 때 세상과 교회는 함께 어려움을 겪습니다. 세상과 반대처럼 보입니다.

K형, 미리 깊이 고민하셔서 죽음 후에 천국의 삶을 사시길 기원합니다.

II. 고민하다

내 짧은 자서전

내가 이 땅에 태어났을 때 아버지는 마흔다섯, 어머니는 서른아홉이었다고 한다. 그러니 내가 부모를 의식했을 때에는 그분들은 50대와 40대가 넘었을 것이다. 젊은 날의 부모님 모습은 내게 없다. 막내였던 나는 많은 사랑을 받았다. 형이 둘에 누이가 하나였는데 열넷, 열, 다섯 살의 나이차가 났다. 내가 초등학교 저학년이었을 때 형들은 이미 20대 전후반의 청년들이었다.

부모님은 나를 아껴주셨고, 가정형편은 가난했다. 내 전해부터 중학교 무시험 진학이 실시되었다. 소문으로는 대통령 아들이 공부를 못해서라고 했다. 어찌되었든 청주에 유일한 기독교계 남학교였던 세광중학교에 배정받았다. 입학식이 예배였다. 학기 초 언제였는지 운동장에서 예배를 드렸는데 “한 알의 밀이 떨어져 죽지 않으면 한 알 그대로 있고 죽으면 많은 열매를 맺는다.”고 했다.

그 말씀이 잊히지 않고 내 삶과 관련이 있을 것 같았다. 돈에 대한 개념과 관심이 없었기 때문인지 그때부터 서서히 내 직업으로 목사와 교사, 그리고 작가가 되고 싶다는 생각을 했다.

학창시절이 빠르게 지나가고 있었다. 20대 초반, 대학 졸업반이었다. 국립사대 국어교육과를 마쳐갈 때였다. 그때 규모가 작은 교회에 출석하고 있었는데 예배는 많은데 체계적인 교육은 찾아보기 어려웠다. 왜 그런지, 그래도 되는 것인지 하나님께 묻고 기도했더니 그러면 네가 해보라고 하시는 것 같았다. 사대를 졸업하고 신학대학원에 진학했다. 그럴 형편은 아니었지만 소명의식이 있었다. 오히려 신학교에서 교회 교육에 대해 흥미를 잃고 더 모호해졌다.

내가 신학교 마지막 학기였을 때, 군종장교를 모집하는 일이 있었다. 원래 신학대학 1학년에 확정하여 일정기간 과정을 거쳐 군에서 사역을 하는 것인데 당시에 결원이 많이 생겼나 보다. 그때는 몰랐는데 지나고 보니 10·26과 12·12, 광주민주화운동까지 겹쳐, 합격해 준비하던 이들에게 많은 일들이 있었던 것 같다. 그런 과정을 거쳐 그렇게 싫어하던 군 생활을 선교사역을 하면서 군장교로 할 수 있게 되었다. 군에서 5년을 있었는데 경기도 전방과 대전통합병원에서 근무했다.

군에 있을 때 결혼도 했다. 아내는 교사였는데 교사는 언제나 배우자 선호직종 윗부분이었다. 내가 군인 그것도 장교였기에 가능했을 게다. 내 삶에 제대로 월급을 받아본 것은 군 생활과 목회 사역 몇 년뿐이다. 군은 내게 자연의 소중함, 밤하늘과 우리 산하의 참모습을 보여 주었다. 달빛이 교교한 여름밤 산속을 행군하며 돌아본 자연은 싱싱했다. 1984년 훈련을 받으며 밤 행군 때 개울가 자갈에 군장을 지고 누워 바라본 까만 하늘에 초롱초롱했던 쏟아질 듯 많았던 별들을 잊을 수 없다. 군 생활을 오래 하기로 하고 지원해 통과가 되었지만 실제 몇 년을 지내보니 적성에 맞지 않았다. 누군들 그렇지 않을까만 유독 눈치보고 구속받는 것을 못 견뎌하던 나는 1989년 7월말로 제대를 했다.

그해 12월 청주 복대동에서 교회를 개척했다, 생각처럼 쉽지 않았다. 처음엔 자신만만했는데 세월이 지나며 그게 아니라는 걸 알았다. 내가 모든 면에 기준이고 다른 이들은 조금씩 부족할 것으로 여겼는데 현실은 반대였다. 다른 이들이 다들 나보다 나았고 다방면에 영적인 재능과 은사들이 있었다. 이웃 교회에서 초청이 있었다. 지금 사역하고 있는 교회다. 세월이 흘러도 교회는 부흥되지 않았고 성도들의 기대는 채우기 어려웠다. 성도들과 나의 인식에 근본적인 차이가 있었다.

교회는 지역사회로 영향력을 넓히기 위해 노심초사하고 있었다. 2000년 들어 몇 번의 회의를 거쳐 최적화 된 사역이 학생들을 가르치는 교육사역이라 결론짓고 학원을 시작했다. 이상과 현실은 일치하기 어려웠다. 일 년을 버티지 못하고 성도들은 포기하고 남은 사역을 내가 떠맡았다. 학습선교원으로 전환해 아내와 둘이 오늘에 이르도록 지속하고 있다. 돌이켜 생각하면 대학 졸업반 때 했던 고민과 기도를 이런 방식으로 응답해 주신 것 같다.

2012년 3월에 방송대 영문과에 입학했다. 학창시절에 그렇게 억지로 했던 영어, 대학에 입학하며 국어교육과니 관계없다고 생각한 영어였다. 그 언어가 왠지 나를 잡아끌어 긴 세월을 영어와 함께 살았다. 세월은 갔지만 큰 성과는 없고 이렇다 할 열매도 거두지 못했다. 열심히 하던 것을 체계적으로 해보고 싶었다. 출석수업에 참여하다 홍보물을 보았다. 한문반이 눈에 띄었다. 일 년여 열심히 해서 한자교육진흥회 주관 사범과 한자지도사 특급에 합격했다.

2013년에는 특강으로 글쓰기가 개설되어 참여했다 수필에 입문하게 되었다. 내 삶에 또 다른 도구가 장착된 셈이다. 어느덧 길었던 영문과 과정을 마치고 다시 컴퓨터과학과에 입학했다. 내 삶에 가장 낯설고 필요한 분야라고 판단했다. 가능하면 이번 과정은 제대로 이수해보고 싶다.

이제 목사로 산 지 40년이 넘었다. 이뤄 놓은 열매 없이 세월은 갔다. 청소년들과 함께 한 햇수도 20년이 넘었다. 몇몇 사람들이 내게 수필가, 작가라고 불러준다. 문득 돌아보니 내 어릴 적 꿈이었던 목사, 교사, 작가의 모습으로 도시 한편에서 흐릿하게 살아가고 있다. 굵고 뚜렷한 족적을 남기지 못해도 이 땅 한구석 변두리에서 타박타박 내게 주어진 길을 쉬지 않고 걸어가리라. 하늘가는 그날까지….

입찬말 하지 않기

나는 종교인이다. 더 정확히는 하나님을 믿고 성도들과 교회를 섬기는 목회자다. 당연히 술과 담배를 하지 않고 바르게 살려 애쓴다. 사회적으로 선한 영향력을 끼치려 노력하고 손가락질 받는 일을 하지 않으려 한다. 하지만 세상살이가 내 마음대로 되지 않는다. 살면서 겪은 일들이다.

최근 일들은 많은 이들을 당황스럽게 한다. 이런저런 교회의 크고 작은 모임에서 코로나 확진자가 나와 사회에 우려를 끼쳤다. 교회의 한 구성원으로 민망하다. 확산세가 맹렬하던 때는 모임을 자제해 주었으면 하는 전화를 받으며 마음을 다잡기 힘들었다. 여러 교회들이 지역민들이 내건 "예배를 중지해 달라"는 펼침막을 보았을 게다. 교회가 크건 작건 지역사회에 도움이 되려 하고 지역을 섬기려 애써 왔다고 여기다가 지역의 민폐요 걱정의 대상이라 생각하니 아찔했다. 아직도 이 터널을 완전히 통과하지 못하고 있다.

몇 해 전에 있었던 일이다. 아내가 몸이 이상하다고 하더니 병원에 다녀와서 의사선생님이 내게도 병원을 가보라고 하더란다. 왜 자기가 아픈 걸 나까지 가보라고 하나 하니 부부가 치료해야 하는 병이라며 눈초리와 분위기가 이상했다. 비뇨기과를 찾았다. 생전 처음 가보는 곳이라 긴장이 되고 쑥스러웠다. 혹시 아는 사람이 있는 건 아닌지 쭈뼛거려졌다. 내 차례가 되어 진료실에 갔더니 몇 마디 묻고는 소변을 받아 제출하고 일주일쯤 후에 오라며 약을 타가란다. 일주일 후에 가니 약을 먹었는지 묻고는 한 가지 세균이 검출되었으니 또 소변을 받아놓고 일주일 후에 오라고 했다. 그 다음에 갔더니 세균이 없어졌고 치료가 끝났단다. 그분들에게 미안하지만 못 갈 데를 다녀온 느낌이었다.

아내에게서 두 종류의 세균이 검출되었고 내게는 한 종류가 나왔으니 아내에게 내가 옮은 것으로 결론짓고 의견을 나누었다. 대중목욕탕에 갔던 것이 문제가 되었었나 보다고 했다. 그래도 목사가 되어 그런 병으로 의심을 받고 치료 받는 처지가 되어 보니 유쾌한 경험은 아니었다.

더 오래전에는 이런 일도 있었다. 운전을 하면서 법규를 어겨 범칙금을 낸 적이 몇 번 있는데 첫 번째 경우였다. 급한 볼 일로 가던 길에, 신호가 바뀌어 좌회전을 위해 기다리고 있었다. 뒤에 있던 차가 먼저 좌회전을 했다. 아니, 자기만 바쁜가, 앞에서 기다리는 사람은 무언가. 나도 좌회전을 하니 지키고 있던 경찰이 차를 세운다. 내게 인사를 하고 신호위반을 인정하느냐고 묻는다. 그렇다고 미안하다며 싼 것으로 하나 끊으라 하니 두말 않고 발부해 주는 고지서가 "금연장소흡연"이다. 쓴웃음을 지을 수밖에 없었다. 어쩌다보니 납부기일을 넘겨 경찰서에 직접 납부해야 했다. 수납하는 아가씨가 직업이 뭐냐고 묻는다. 기록란이 있는가 보다. 순간 난처했다. 금연장소흡연 범칙금을 내면서 목사라고 할 수도 없고, 머뭇머뭇하니 아가씨는 짜증이 나는지 다시 묻는다. "아저씨, 직업이 뭐예요?" 이런 땐 뭐라 해야 하나, '기타'라고 하면 또 다시 물으리라. 복잡한 내 머리를 거쳐 나온 대답은 '자유업'이었다. 아가씨는 '사업'이라고 적어 넣었다. 경찰서를 나오며 한숨을 쉬었다. 더운 날이었다.

손가락질 받는 일을 안 하고 살아보려 하지만 쉽지 않다. 언제 무슨 일을 또 당할지 모르니 입찬 말, 흰소리는 아예 생각도 말고 살아야겠다.

방에 들다

저녁 일곱 시가 다 되어서 휴대폰에 힐끗 눈이 간다. 문자가 하나 들어와 있다. 도민백일장에 입상하심을 축하합니다. 문학회 카페에 들어가 보니 참방에 이름이 올라 있다. 차분히 가라앉을 뿐 마음에 흔들림이 없다. 다른 수상자 명단에 눈이 간다. 그렇구나, 덤덤하다. 집에 돌아와 카톡을 보니 여기저기 글들이 올라온다. 나도 축하와 자랑의 글을 분위기에 맞춰 적어 놓는다.

오전의 일들이 다시 떠오른다. 올해 시제는 "봄바람"이었다. 친숙하지만 아득했다. 소재 찾기가 쉽지 않다. 일상적이고 가벼운 것들만 생각을 넘나들 뿐이다. 백일장은 시간을 고려해야 한다. 원고지에 쓰는 데도 한 시간이 넘게 걸릴 테니 구상에 소모할 여유가 없다. 갑자기 날씨가 추워지더니 비가 올 것 같다. 장소를 옮겨야 하니 마음은 더 급해진다.

자기가 대충은 아는가 보다. 시제와 초점이 제대로 맞지 않고 무게감 있는 이야기도 없다. 그렇다고 탄탄한 구성도 아니고 소재를 따라 곧게 가지도 못했다. 참여해 좋은 경험을 한 것에 의미를 두었다. 가끔씩 뵈는 분들을 한곳에서 많이 만나 인사를 나눴고 향교에서 차 마시고 나무를 심었으니 하루를 잘 산 게다.

지난해는 더 힘들었다. 처음으로 백일장에 참여했는데 시제가 "인연"이었다. 내 단조로운 삶이 원망스러웠다. 스스로 만족하지 못하고 자책했는데 차상으로 뽑혔다. 그러한 내 작품이 차상이라니 민망했다. 글 자체가 마음에 들지 않아 주변 누구에게도 말하지 않았는데 친하게 지내는 분이 아내에게 전화로 축하를 해 주었다. 아내는 왜 그런 일을 자신은 모르고 남들에게 전해 들어야 하느냐고 따졌다. 내 심정과 상황을 설명해도 쉽게 이해를 못했다. 오늘은 마음이 편안하다. 내 살아온 삶의 경험이 문학 창작에는 밋밋하다는 느낌을 지울 수 없다. 하지만 돌이킬 수 없는 일이고 다시 살아도 또 그렇게 살 것만 같다.

수일 전에 수필집이라 하기는 아쉬운 책을 읽었다. 글쓴이의 대학입학까지를 기록한 것인데 어찌나 파란만장한지 그 기간의 세 배쯤 되는 이제까지의 내 삶을 기록해도 그의 반에 반도 되지 못할 것 같았다. 그는 운동도 잘해 경기도 대표를 했고 악기 잘 다루고 노래 잘하고 게다가 공부까지 잘하고 싸움도 잘했다. 가정형편이 어려워 초등학교 마치고 돈 벌기 위해 한 해 신문배달을 하고 중학교 가고, 중학교도 중도에 그만두고 검정고시로 상급학교에 진학했다. 고교를 중퇴해 야학을 거쳐 선망하는 대학에 합격을 한다. 그 사이에도 얼마나 우여곡절이 많은지 여러 직업을 가져보고 죽음의 문턱을 넘을 뻔도 하고 애매한 처지에 빠져 집단폭력에 휘둘리기도 한다.

내 삶과 견주어보았다. 나는 그런대로 평탄한 삶을 살았다. 집에서 막내였던 나의 평탄한 삶을 위해 많은 이들이 힘겨운 삶을 살아야 했다. 돌아보면 부모님과 형제들, 누나 모두 신산한 삶을 살았다. 그분들이 살아온 과정을 기록하면 얼마나 눈물겨울까. 오히려 그분들의 재주에 나 같은 삶이 더해졌다면 감동적인 글들이 나올 수 있을 것 같다.

한 줄로 이어진 듯한 내 삶의 여정. 곁가지가 없고 특이함도 없어 심심한 것이 어설픈 수묵화처럼 느껴진다. 부족함을 채우려 책 읽기를 시도해 보지만 오래 기억되지 않는다. 어쩌란 말인가. 때로 침체에 빠져 주저앉았다가 다시 일어난다. 내가 발 딛고 선 곳에서 내 걸음대로 갈 밖에….

백여 명이 참여해 수필만도 오십 명이 작품을 냈다는데 어찌됐든 5등을 했으면 잘한 게지, 지난 걸 가지고 아쉬워한들 무엇 하는가. 시간이 많이 있었다 해도 더 나올 게 없었다. 같이 참여했던 이가 자신은 네댓 장 쓰다가 더 쓸게 없어 노랫가락을 한 소절 적었단다. 그런데도 나보다 순위가 높다. 말이 그렇지 초점이 잘 맞고 좋은 소재를 맛깔나게 표현했을 거다. 나는 원고지 열 장을 다 채워 썼다. 내가 안다. 내 화살이 과녁으로 못 가고 저만치 빗나갔다는 것을.

비교하는 버릇을 내려놓으면 마음이 가볍다. 좋은 이들, 재주 많은 이들을 주변에 두었으니 얼마나 행복한가. 밋밋한 삶이 부끄러울 게 없다. 화려한 색이 없고 다채롭지 못함이 아쉽긴 하지만 어찌 어려움과 수고 없이 다채롭고 화려할 수 있나. 재주 많은 사람이 밥 굶는다고 나를 위로하는 말들로 위안을 삼는다. 내게 있는 한 가지를 잘 갈고 다듬어야지. 수묵화를 잘 그리면 그것대로 얼마나 보기 좋은가.

백일장에 두 번 참여하면서 사고의 유연성을 생각한다. 굳어지지 않아야 하는데, 어디로든 휘어질 수 있어야 추억 속 깊은 구석의 소재를 찾아내고 참신한 발상과 표현을 할 수 있을 텐데….

참방(參榜: 과거에 합격해 방에 이름이 오름)이란다. 내가 상을 탄단다. 오늘도 많은 이들의 축하를 들을 것 같다. 이만큼의 재주가 내게 있음이 고맙고 기쁘다. 의지 약한 내게 조금은 외로운 문학의 길을, 함께 갈 수 있는 귀한 분들이 곁에 계심이 더욱 감사하고 행복하다. 오늘따라 눈부신 햇살이 은총인 양 쏟아진다.

그 시절 내 안팎의 봄

오래전 내 삶에서 가장 역동적이던 때의 일이다. 신학을 마치고 군 문제가 해결되지 않아 어떤 일도 할 수 없을 때였다. 뚜렷한 일이 없어 하루하루를 무료히 보내며 군에 갈 날을 기다리고 있었다. 2월이 막바지로 향하던 어느 날, 군목으로 선발되었다는 통지서를 받았다. 돌연 구체적인 일정이 잡히고 분주한 중에 긴장된 날들이 이어졌다. 신학을 하는 청년들이 다 부러워하는 좋은 기회가 내게 확정되어 찾아준 것이다.

다른 이들에게는 복잡하고 힘든 목사가 되는 일이 내게는 단순하게 짧은 기간에 해결되었다. 내가 원해서가 아니라 교단과 국가가 필요로 하는 일이어서, 위로부터 목사로 임직을 하라는 요구니 모든 과정이 쉽고 빠르게 진행되었다. 신학을 마치고 한 달이 못 되어 스물여덟에 목사가 되었다. 그런 문화에 익숙한 이들이 주변에 별로 없어 얼마나 신나는 일인지 몰랐고 제대로 축하도 받지 못했다.

군 입대 날짜가 한 달도 남지 않았다. 군대가 싫어 가지 않으려고 여러 가지 시도를 했지만 하나도 성공하지 못했다. 신체검사만 네 번을 받았다. 세 번째는 부실한 내 몸 상태를 고려했는지 최종판정관이 현역과 단기사병 중에 무엇을 원하느냐고 물었다. 단기사병을 원한다고 했더니 현역입영대상으로 판정했다. 마음대로 행동할 수 없는 삼십여 개월이 공포로 다가왔다. 주변에서 들을 수 있는 부풀려진 군 관련 이야기들과 대학시절 경험한 열흘간의 군 입대는 공포 그 자체였다.

남들이 맞이하는 내 밖의 봄은 햇살이 따사로워지고 있었다. 지나고 돌아보니 내게 그러한 기회가 온 것은 다른 이들의 희생 위에 주어진 행운이었다. 6년여 전에 선발된 이들 중에 국가의 격변기를 거치며 많은 이들이 자격을 잃어 그 기회가 내 일정에 맞춘 듯 허락된 것이다. 그때는 그런 짐작도 못했다. 미지의 군대에 짓눌려 두려움만 확대되어 다가왔다. 난 계절이 바뀌는 걸 알 수 없었다. 아니 오히려 더욱 겨울을 향해 가는 듯 춥기만 했다. 길거리 광고판에 사월의 영화나 광고를 보면서 그때가 오지 않았으면 좋겠다고 생각했다.

그해에도 벚꽃이 피고 벌과 나비도 날고 산과 들에 진달래 개나리가 흐드러지게 피고 개울은 졸졸거리며 흘렀겠지만 내 마음은 춥기만 했다. 교계에서 처음으로 군목 후보자들을 대상으로 모임을 갖고, 활동을 위한 준비와 축하를 해주었다. 몇 친구들이 입대를 앞두고 아쉬움을 나누는 자리를 갖자고 해 가보면 정작 나는 밥만 먹고 일찍 오고 자기들끼리 취하도록 술을 마시고 늦게까지 즐기는 눈치였다.

나이든 목회자들은 군 선교의 중요성을 언급하며 격려했고 군대를 마친 친지들은 힘든 군 생활을 장교로 하면서 경력도 쌓는다고 부러워하면서 자신의 일처럼 기뻐했다. 그들에게 감사하다고 대답은 해도 내 많은 부분은 피할 수 없는 군대의 공포 속으로 들어가 있었다.

세월은 잘도 흘렀다. 따로 사는 형이 열네 살 터울로 아버지 몫을 하니 찾아가 잘 다녀오겠다고 작별하고, 출발하는 아침에는 60대 후반의 어머니께 큰절을 드리고 될 대로 되라는 포기의 심정으로 버스에 올랐다. 되도록 느리게 가기를 바라나 버스는 제 속도를 유지해 정오가 못되어 나를 그 도시에 내려놓았다. 그래도 소집 장소에 가 주변에서 점심을 먹고 들어가기로 했다. 착잡한 마음에 무엇을 먹었는지 모르겠다.

시간이 되어가니 가족이나 연인, 함께 온 이들이 아쉬움을 나눈다. 마지막 순간까지 함께 하다 들어가려는 눈치다. 헤어질 이조차 없는 나는 어색하게 주변을 살피다 마지막 순간에 죽을 곳으로 향하는 짐승처럼 절망스런 마음으로 맥없이 부대 문을 통과했다.

몇 시간이 어떻게 지났는지 모른다. 낯선 곳에서 신경을 곤두세운 채 주말 같지 않은 주말이 흘러가고 있다. 여기저기서 울리는 호각소리는 얼을 쏙 빼놓는다. 그새 모두가 군복으로 갈아입고 저녁점호라는 의식을 치르기 위해 내무반 삼선에 정렬해 있다. 감당하기 어려운 세월들, 무려 마흔 달을 내 의지와는 무관하게 시키는 대로 살아야 한다니 까마득할 뿐이다. 생각만 해도 숨이 턱턱 막힌다. 우선 열두 주를 잘 넘겨야 한다. 내 생각과 판단을 유보하고 하라는 대로 시키는 대로 살며 시간을 보내는 거다. 열두 주를 함께 할 내 나이가 안 될 장교들이 점호에 들어와 주의사항을 늘어놓는다. 어떤 일들을 명하며 도저히 할 수 없는 시간을 정해준다. 사람을 들들 볶아 피곤하게 하겠다는 의도로 밖에 볼 수 없다.

어수선한 시간도 지나고 전혀 익숙지 않은 자리에 누웠다. 잠이 오지 않는다. 내일 아침에는 타의에 의해 일어나야 한다. 이날이 오지 않기를 바랐지만 왔고 언제 지나갈지 감당하기 어려운 뭉텅이 시간이 앞에 놓여 있다. 봄과는 너무도 거리가 먼 겨울로 가는 세월이다. 남들은 완연한 봄을 살고 있건만 이곳에 모인 이들은 어찌 이 겨울 같은 봄을 견디란 말인가. 나는 단체생활을 해본 적이 없다. 집에서도 혼자 살다시피 했으니 남에게 구속받고 내 마음대로 못하는 삶이 답답하기 그지없다.

그때로부터 다시 긴 세월이 흘렀다. 돌아보면 그해 난 그곳에 가기까지 봄에서 겨울로 가는 내가 만든 가공의 계절 속에 살았었다.

고난을 묵상하며

고난주간이다. 한 주간을 고난을 묵상하며 경건하게 살라고 한다. 그 의미가 무얼까. 예수님은 목요일 밤에 기도하다 잡히시어 밤새 심문을 받고 금요일 슬픔의 길로 자신의 십자가를 지고 골고다에 오르셔서 오전 아홉 시에 처형당하고 오후 세 시에 운명하신다. 당시의 많은 이들은 마지막 순간까지 그분이 메시야가 아닐까 하는 기대를 걸었다. 하지만 그분은 여느 죄수와 다름없이 죽임을 당하심으로 끝이 났다.

마지막까지 군중들의 기대는 전복이요 반전이었다. 메시야가 지고 처형당하는 걸 상상할 수 없었다. 구원자는 강해서 승리하고 정복해 다스려야 했다. 로마를 무릎 꿇리고 민족의 자존심을 살려내는 용감무쌍한 장수요 그 다음에 왕이 되는 게 순서다. 옛날 다윗이 따랐던 과정이었다.

영웅적인 주인공이 도중에 죽임 당할 수 있는가. 초반에 버림받고 생사를 넘나드는 고난을 겪지만 그것들을 모두 이겨내고 민중들의 환영을 받으며 버림받았던 땅으로 돌아오는 게 영웅들의 이야기가 아니던가.

믿음의 이야기는 관계가 중요하고 그 알맹이는 떳떳함이다. 기계도 고장 나면 제대로 작동하지 않는다. 서로의 관계에 문제가 있으면 거리낌이 생기고 당당할 수 없다. 구약의 사람들은 그걸 죄라고 했고, 드러내 처리한 후에야 서로 떳떳하고 당당했다. 미해결인 채로 세월이 흐르면 정상적 관계회복은 더욱 어려워진다. 드러냄과 해결이었다. 그 과정을 치르고 나면 서로 떳떳할 수 있어 고쳐진 명품처럼 빛날 수 있었다. 해결의 방법은 넘겨줌이다. 내 잘못을 제물에 넘겨 그 제물을 죽임으로 문제를 소멸하는 것이다.

요한복음에는 처음부터 끝까지라고 할 만큼 예수님은 하나님이 보낸 그분이라는 표현과 설득으로 가득하다. 하나님과 화해를 위해, 사람들을 떳떳하게 하려고, 모든 문제를 넘겨주어 해결하기 위해, 죽으러 온 이가 예수님이라는 게다. 그 당시 사람들은 이해할 수 없었고 믿어지지 않았다. 열두 제자들도 마지막 순간에야 겨우 눈치 채서 "너희가 이제야 믿는구나!" 하고 예수께서 감격과 탄식을 동시에 쏟아냈다. 관계를 회복하려 보냄 받은 이가 예수님이라는 걸 알았지만 제자들은 그분이 십자가에 죽임 당하실 줄은 여전히 알지 못했다. 죽음에 대한 언급이 부쩍 늘어나고 달려야 한다, 들려야 한다고 하셨지만 그들은 불안하고 두려울 뿐이었다.

이스라엘 민족이 이집트에서 수백 년 동안 노예로 살다가 벗어나는데 그 해방절기인 유월절과 고난주간이 겹친다. 그 결정적 계기가 된 이집트인들의 맏아들과 동물들의 맏배가 죽임을 당할 때, 저들은 양을 잡아 피를 흘림으로 자신들의 죽음을 대신했다. 그 양이 '희생당한 어린 양'인데, 예수님이 그 희생양이라는 게다. 역사와 생활 속에 선명히 남아 있었지만 알아볼 수 없었다. 눈이 가려져 못 본 게다. 가장 무거운 형량이 사형이다. 그보다 더 무거운 형벌은 없다. 인류를 위해 그분이 죽임을 당하고 하나님과 사람들의 관계회복 장면이 눈앞에서 펼쳐지는 데도 알아차리지 못했다.

사냥꾼이 샘에서 물을 마시는데 뱀이 입속으로 들어가 아무 약을 써도 효험이 없어 다시 그 샘에 가서 물을 마시게 하고 그 순간 머리에 있던 꿩의 깃털을 뽑아주니 뱀이 빠져나간 것으로 알아 병이 씻은 듯 나았다는 우리 옛이야기가 있다. 사실이 아니라도 관계의 확인이 얼마나 중요한가 알 수 있다. 꿩의 깃털이 사냥꾼을 낫게 했다면 예수의 죽음은 그것을 받아들이는 사람들을 하나님 앞에 회복된 관계로 살아가게 한다. 병이 낫듯, 고장 난 기계가 고쳐지듯 제 기능을 회복해 이 땅에서 본래의 형상으로 행복한 삶을 살아갈 수 있게 한다.

그렇다면 그분의 고난을 묵상하며 산다는 건 정복하고 빼앗고

통치하려는 세상의 흐름에서 거꾸로 살아보려는 노력이 아닐까. 여태까지 영성의 사람들이 보여주던 한적한 곳에 들어가 금식하고 자신을 괴롭히며 그분의 남은 고난을 자신의 몸에 채운다는 자세가 꼭 바람직해 보이지는 않는다.

자신을 내주고 비워 서로의 평화를 이루며 복음을 확실히 하는 게다. 마지막 순간에 이르기까지 알아차리지 못한 제자들처럼, 복음을 깨닫지 못한 이들에게 눈에 가려진 비늘을 벗겨 진실을 보게 하는 거다. 조용히 이 땅에서 제 기능을 발휘하는 명품으로 살아가는 모습을 보여 주는 일이다.

고난당한 것이 내게 유익이라, 그가 나를 단련하신 후에는 내가 순금같이 되어 나오리라고 했다. 이 땅에서 증언한 그분의 말씀과 삶과 죽음에 대한 하나님의 인정과 확인이 예수님의 부활이었다. 부활만큼 중요한 것이 고난으로 고난을 통과하지 않으면, 곧 죽음을 거치지 않으면 부활에 이를 수 없다. 하루하루 진지한 성찰 속에 그분의 죽음을 생각하며 조금씩 닮아가는 삶이 고난을 묵상하며 사는 고난주간, 나아가 모든 날들을 그리스도답게 사는 삶이라고 할 수 있을 게다.

성탄절 -그때와 지금

성탄절이 코앞인데도 분위기가 나지 않는다. 십이월만 되면 거리에 쏟아져 흐르던 캐럴이 이제는 휴대전화 매장과 쇼핑몰 정도에서 흘러나올 뿐이다. 내가 나이가 들어서인가. 예전에는 성탄카드도 보내고 받고 했던 것 같은데 이제는 문자메시지나 그림과 사진이 온다. 손으로 직접 쓴 글들이 보고픈데 우편함에는 온갖 광고물과 고지서만 쌓이고 손 편지나 성탄카드는 점점 더 접하기 어려워지고 있다. 예전의 어딘가 낯설지만 한편은 정겹고 따듯하던 그 시절의 성탄절이 그립다.

성탄 무렵에는 눈도 많이 오고 춥기도 했다. 특별히 올 사람도 없고 받을 선물이 없어도 약간은 들뜬 분위기가 좋았다. 동네에 몇 되지 않는 교회, 그것도 작은 교회에서는 십이월이 되면 성탄 전야의 발표회 준비로 바빴다. 큰 의미는 몰랐지만 아이들은 자신들이 참가하여 무엇인가를 한다는 것이 신나고, 교사들은 어린이들의 부모이자 어른들, 또 전 교인들에게 자신들이 지도한 아이들의 솜씨를 보여주는 것이 즐거웠다. 발표회라고 해야 성탄캐럴의 찬양과 율동 동시(童詩) 같은 성시들, 조금은 서툰 연극과 웃음을 주는 얘기와 연기가 다였다.

열두 시를 넘기면 조를 나누어서 새벽 찬양을 하곤 했는데 추위 속에 눈길을 밟으며 인솔자들은 조용히 하라고 하고 참여자들은 두런두런 거리며 떼 지어 걸어가서 경건하고 소란하게 "저들밖에"와 "고요한 밤"을 아기예수의 탄생을 전하는 사명감과 새벽을 깨우는 자부심으로 부르고는 "메리크리스마스"를 큰 소리로 외친다. 지등(紙燈)을 들고 오가는 길에 다른 교회 찬양 팀을 만나고 서로 격려를 한다.

다른 무리들은 끼리끼리 모여서 그저 그런 얘기로 밤을 새운다. 내용도 없고 긴장감도 없는 함께 보낸 시간들이 세월 흐르면 추억이 되고 돌아가고픈 순간들이 된다. 밤을 새운 피곤 속에 눈뜨면 오후 서너 시, 중요하다는 성탄축하예배를 드리지 못 해도 후회는 없었다.

생활이 풍요로워져 산타들의 고민이 많을 듯하다. 선물을 받지 않아도 부족함이 없고 무엇을 받아도 시큰둥한 아이들, 낭만을 잃은 지 오래된 어른들, 어떤 것도 우리를 흥분시킬 수 없는 현실이 슬프다. 성탄이 되어도 캐럴도 없고 성탄카드도 없고 새벽송도 없는 밋밋한 풍경이 이미 너무도 익숙하다. 아기 예수는 이천 년도 더 넘는 아주 오래전에 이 땅에 "사랑과 평화"를 전해 주러 오셨는데 아직도 그 "사랑과 평화"를 받지 못하고 누리지 못함이 의아하다. 아기예수 누울 구유, 태어날 마구간, 베들레헴이 모두 예루살렘 호텔의 스위트홈들이 되어서 예수께서 요즘은 낯설어 못 오시는지도 모른다.

설과 추석에는 얼굴로 만나고 성탄이나 새해에는 엽서나 카드로 만나던 이들이 이제는 매일매일 문자와 카톡으로 만나니 모든 특별함이 일상화 되고 말았다. 크게 반가울 것도 새로울 것도 없는 삶에서 사람들은 더 큰 자극을 찾아 헤매다 못해 현실을 떠나 가상의 세계에서 방황하고 있다. 주변의 이웃들보다 텔레비전과 스마트폰 속의 아이돌과 더 친숙하다.

교회의 종소리 새벽송 캐럴을 쫓아버린 성탄절은 쓸쓸하다. 춥고 가난했던 그 옛날의 성탄절이 오히려 더 따듯하고 풍성하게 느껴지는 착각은 무엇 때문일까. 그 시절의 선생님과 친구들은 다 어디로 가고 내가 영악한 사람으로 변해 있을까. 성탄절이 와도 카드 한 장 쓰지도 받지도 않고 이상함을 전혀 느끼지 못함이 세상이 변해가는 것인지 내가 무디어져 가는 것인지 알 수가 없다. 교회의 거룩함도 목회자의 경건함도 믿어주지 않는 너무도 똑똑한 세상 속에서 사람들은 별로 행복하지 않다. 하나님을 믿고 사는 성도들이 나라와 자신들을 위해 항상 기도하고 있다고 생각했을 때에는 마냥 행복했는데…. 사회는 점점 좋아져가고 생활은 더욱 편리해지며 재미난 일들은 안팎에 지천으로 널려있고 먹을 것은 냉장고에 가득한데도 채워지지 않는 빈자리는 무엇이고 현재도 미래도 아닌 과거로 향하는 그리움은 또 어쩐 일인가. 추위 속에 내복도 입지 않고 맨발로 달려가던 그 옛날의 추웠던 교회를 이제는 온갖 첨단 시설을 갖추고 최대한의 편의를 제공한다고 해도 더 많은 이들이 외면한다. 따듯한 방안에 누워 수십 개가 넘는 텔레비전 채널을 돌리며 스마트폰의 화면을 수시로 확인하면서도 허전해하고 부족해하는 것은 무엇인가.

문 밀치면 우편함에 아는 이 모르는 이로부터 배달된 성탄카드 가득하고 성탄절 곤히 잠들어 있을 때 모두의 잠을 깨울만한 쉿소리 나는 새벽송을 들을 수 있다면 좋겠다. 눈이 와서 오늘만 녹지 말아 옛날 성탄 시절의 풍경으로 다시 데려다 주면 좋겠다.

'고해' 조금 가볍게 건너기

더위 속에 책을 읽고 방송을 보고, 이야기를 들으며 세월을 보낸다. 행복한 삶보다 그렇지 못한 경우가 더 많은가 보다. 일이 잘 풀리는 거야 웬만해서 기억에 남겠나. 힘겨워 잊을 수 없는 일들이 기억에 남는 게지. 생각한 대로 다 된다면야 성공하는 게 뭐가 어려울까. 뜻밖의 일들이 툭툭 튀어나와 예상과 계획을 빗나가게 하니 문제지. 누가 병들고 싶고, 실패하길 원할까. 하루하루 별일 없는 게 참말로 대단한 거지….

사건 사고가 줄을 잇는다. 그중에 많은 게 좋지 않은 거다. 폭력사고 교통사고 금융사고 의료사고 음식물사고 안전사고 여행사고 자연재해까지 수많은 사고들이 우리를 덮치려 생활 속에 숨어있다. 사고를 당하면 그 한 사람으로 파장이 멈추지 않는다. 서로 밀접하게 연결되어 있어 영향력은 몇 배로 이어지고 확장된다.

예상 못한 어려움만 찾아오는 게 아니라 사람들이 만들어 놓은 피해갈 수 없는 고통스런 일들도 적지 않다. 해마다 대학 입시에 실패하는 수많은 젊은이들, 모두 합격할 수 없으니 정해진 인원 외에는 고배를 마실 수밖에 없다. 대학입시보다 더 어려운 취업의 관문. 어쩌면 삶에서 가장 어려운 좌절의 연속일지 모른다. 이런 일들을 겪으며 자신의 능력과 처지를 객관적으로 파악하고 너무도 냉정하게 정체성을 확인한다.

삶이 쉽지 않다. 어린 시절엔 사는 게 어려울 거라 생각하지 못했는데, 어떡하면 못 살아가랴 자신만만했는데 나이가 들수록 더 어려워진다. 어느 순간 사는 일보다 죽는 건 더 어렵다는 걸 깨닫는다. 자본주의 사회에서는 죽는 것도 다 돈으로 연결되어 있다. 스스로 경제활동을 하고 몸을 움직일 때는 의식하지 못하나 병들고 빈곤하면 간단한 일이 아니다. 나이 들어 자신을 추단하지 못하면 요양병원에라도 가야하는데 그때부터 기한 없는 수동적인 삶과 자녀나 친지들에게 의존하는 생이 시작된다.

갑자기 몸이 아프면 병원에 가게 될 텐데, 병원생활이 오래되면 고생을 많이 하고 여러 사람들을 힘들게 하리라. 가족 중 누군가 병원에 있으면 적어도 한 사람은 간병을 해야 한다. 사정이 안되면 간병인을 두어야 하니 병원비에 더해 만만치 않은 지출이 있게 마련이다. 아픈 이야 어쩔 수 없다 하지만 경제적 여력이 마땅치 않으면 가족들이 얼마나 어려움을 겪을까 상상만으로도 넉넉히 이해할 수 있다.

젊은이들은 병을 고치고 더 열심히 살 수 있다하지만 노인들은 그런 희망이 강하지 않다. 건강을 비롯한 많은 면에서 내리막을 가고 있다고 생각한다. 우리나라가 경제협력개발기구(OECD) 국가 중 노인자살률이 가장 높다는 이유를 알 것도 같다. 자살의 이유를 조사하면 질병과 빈곤이 상위를 차지할 게다. 질병으로 인한 고통과 가족들에게 남겨질 경제적 부담을 고려하면 언제까지일지 모르는 그 고통을 모두가 당하기보다는 극단적이긴 하나 자신이 해결을 하려다는 막다른 길에서의 선택일 것이다.

누구나 노년의 삶을 피해가기 어렵다. 개인의 문제가 아니라면 국가가 나서서 가능한 해결책을 마련해야 하리라. 우리 사회가 재화를 중심으로 움직이는 자본주의인데 좋은 면도 여럿 있지만, 부작용도 만만치 않다. 인간을 수익을 기준으로 평가하고, 돈이 만능에 가까운 힘을 가지고 있어 수단과 방법을 가리지 않고 한탕만 잘 하면 성공이라는 사고방식을 막기 어렵다. 환금성이 있는 것만 가치와 의미를 인정하기 쉬우니, 길게 보는 안목이 형성되기 어렵다. 경쟁하듯 자원을 낭비해 과잉생산과 소비의 길로 달려간다. 주변 어디서나 볼 수 있는 여러 쓰레기는 욕망의 부산물이다.

아무도 피할 수 없는 죽음이 인간에게 지혜를 주는 건 아닐까. 공수래공수거(空手來空手去)란 말처럼 이 땅에 들어오고 나감이 모두 빈손이니 지나치게 소유하려는 욕심을 피할 일이다. 정해진 삶이 끝나면 모두 손 털고 일어날 것을, 언제까지나 자기가 차지하려는 듯 탐욕을 부리는 건 현명하지 않다. 가난한 이들에겐 심각하지만 부호들은 어느 한계를 넘으면 열 배를 소유해도 은행잔고에 동그라미 하나 늘어나는 일일 뿐이다.

범인들은 왜 돈을 악착같이 모으려 할까. 자신을 생각하면 노후가 두렵고 자녀들에 대해서는 교육이 문제다. 선진국 중 다수는 교육과 의료를 나라에서 책임지고 있다고 한다. 우리도 점차 그런 추세로 가야 한다. 그 문제가 해결되면 노인의 자살문제는 해결의 실마리를 찾을 수 있을 게다.

죽음은 종교에 따라 다르게 이해할 수 있지만 이 땅의 시각으로 본다면 마지막이요 끝이다. 더 이상의 가변성이 없는 것이니 완성이다. 진행 중인 경기는 역전승이 있지만 죽음은 그 후로 역전이 없으니 최종적 평가가 가능하다. 종교를 생각하면 이 땅의 삶이 판단의 근거가 된다. 영원을 가르는 토대를 쌓는 일이니 소홀히 할 수 없다.

이 땅의 삶이 점차 길어지는 모양이다. 하지만 그게 좋은 일이라고만 할 수 있으려나. 종교의 유무를 떠나 이 땅의 삶만이라도 바르고 의미 있게 살 순 없을까. 죽음을 기억하는 게다. 땅의 것은 철저히 땅에만 속하는 것이니 많이 모으고 쌓았더라도 끝이 다가오면, 나누고 하나씩 들어내 주변 사람들과 즐기고 함께 하는 게 인간답고 지혜로운 모습이 아닐까.

고통의 바다라도 함께 건너면 덜 힘들고 더 많은 추억거리들이 쌓이지 않을까.

굽은 선 곧은 선

문 열고 나서니 눈 둘 곳이 마땅치 않다. 어중간한 도시의 변두리, 2, 3층 주택들로 만들어진 하늘선이 각박하다. 부윰하게 동녘부터 밝아올 새 날 하늘이 공간이 트인 곳으로 얼굴을 내민다. 도시의 건축이 그러하듯 날카로운 직선이 주를 이룬다. 슬라브 구조의 한일자 형태의 건물과 건물이 만들어내는 브이(V) 모양의 공간 사이로 하늘이 들어온다.

내 어릴 적 아침 풍경은 달랐다. 마당에 내려서면 건너편 산과 언덕이 보이고 언덕에 오르면 냇물과 논들이 펼쳐졌다. 눈앞에 바짝 대들지 않는 편안함이 있었고 낮게 펼쳐진 곡선에서 오는 푸근함이 넉넉했다. 시간의 흐름에 따라 뚜렷해지는 선과 색이 눈을 시원케 하고 깨어나는 거리가 내 삶에 활력을 주었다.

자연의 선은 굽은 선이다. 산과 들, 냇물과 밭두렁, 언덕과 오솔

길까지도 구불구불했다. 기계가 우리의 삶에 들어오며 굽은 것이 곧게 펴지기 시작했다. 굽은 것은 비능률의 옛것이 되고, 곧은 것은 힘과 속도의 새로운 상징이 되었다. 완만한 단층 초가집이 이층 양옥집이 되고 좁다랗고 굽었던 흙길들이 넓고 곧게 펴진 포장도로로 변해갔다. 냇가는 복개되어 큰길이 되고 비스듬했던 언덕에는 주택단지가, 아버지의 굽은 등 같았던 앞산은 밀려 평평해지고 그 위에 새로운 시가지가 만들어졌다.

자연이 준 굽은 선은 인간에 의해 곧은 선이 되어갔다. 편리함과 효율성, 단순함을 주는 곧은 선을 따라 바퀴들이 질주한다. 기계들은 구불구불한 것을 좋아하지 않는다. 그들은 '곧고 빠르게'를 통해 원하는 것을 이루기 때문이다. 우리나라에 처음 놓인 경부고속도로가 1968년 2월에 착공해 1970년 6월에 준공되었다하니 긴 세월 굽었던 길들이, 그 후로 50여 년 만에 군사작전 하듯 거지반 곧아진 게다.

이 땅에 살아가는 많은 이들의 굽은 선을 닮았던 부드러운 눈길이 환경의 변화와 함께 날카롭고 예리해진 건 아닌가 싶다. 곧은길을 넓게 내는 것은 차들이 빨리 달리려 함이다. 속도가 더해지는 곳에는 여유가 사라져간다. 곧은 선이 늘어나는 만큼 인공이 더해지고 자연이 줄어든다.

십구 세기 후반에서 이십 세기 초반에 걸쳐 살다 간 건축가 가우디는 자연의 선은 곡선이라며 곡선을 살린 건축을 했다. 그의 건축물들이 있는 한 도시는 그가 떠난 지 100여 년이 지났지만 전 세계로부터 관광객이 밀려든다. 굽은 선을 보고 굽은 것에서 위로를 받으려 함이다.

곧은 것은 강하고 급하다. 걸리어 멈출 곳이 없고 숨을 데가 없다. 우리 삶은 빠르게 속도와 함께 곧아져왔다. 자연스레 생겨난 강의 흐름은 곧은 선이 아니다. 천천히 가는 게 멀리 가는 방법이란다. 이제는 빠르기를 탐하는 이들이 있는가 하면, 한편에서는 느린 것에 대한 그리움과 향수가 생겨난다. 굽은 길을 만들고 굽은 것들에 대한 추억을 회상해 낸다.

오랫동안 뒤처진 삶을 살아온 이들은 곧게 뻗은 속도의 삶을 보고 충격을 받는다. 곧은길을 만들고 그리로 달려가는 게 인간답게 사는 것이라는 확신으로 온 힘을 다해 곧은길을 만들고 그 위를 달리며 한동안 성취감과 만족을 맛본다. 하지만 일정 기간이 지나면 속도에 회의를 느끼고 예전의 느림과 여유를 그리워한다.

달려온 시간들과 곧은길을 보면서 잃어버린 굽은 길과 추억들을 생각한다. 이미 도달해 있는 빠른 세상에서 바라보는 느리고 굽었던 과거의 매력을 잊을 수 없어 몇몇 곳에 추억의 굽은 마을들을 만들어 놓는다.

우리의 몸에서 장의 길이는 소장이 7m, 대장이 1.5m 남짓이라고 한다. 곧게 내려가면 십 분의 일이 될까 말까 한 거리를 왜 열 배의 길이로 굽이치며 돌아가는지를 모르는 이는 아무도 없다. 섭

취한 영양을 충분히 흡수하기 위해서다. 곧은 선으로 빠르게만 간다면 놓치는 것들이 너무도 많으리라. 누구나 자신이 가진 삶의 목표까지 빠르고 곧게 가기를 원하지만 현실은 그렇게 되지 않는다. 바라는 대로 되지 않는 게 본인을 위해 더 나은 것이라는 생각이다. 기쁨과 즐거움, 성취감과 보람을 느끼지 못하는 목표달성이 무슨 의미가 있을까. 비행기를 타고 산의 정상에 오른다면 산의 정취를 제대로 느낄 수 있을까.

이름 난 세계의 관광지 공항을 최단 시간에 방문하고 곧바로 왔다고 해서 그곳들을 여행했다고는 하지 않는다. 나선형으로 빙글빙글 돌기도 하고 때로는 오르막과 내리막을 거치며 시행착오와 고생을 하면서 추억이 쌓이고 희로애락의 감정이 생겨난다. 불균형에서 개인의 특징이 나타나듯이 고생과 실수에서 삶의 무늬가 생기는 것 아닐까.

이른 아침 동터오는 도시 변두리의 하늘 선을 보면서 하루의 삶을 생각한다. 오늘 내 앞에 펼쳐질 하루는 곧은 선일까 굽은 선일까. 결과를 따진다면 곧기를 바라지만 굽은 하루가 열린다 해도 원망스럽지 않으리라. 신문과 우유를 배달하는 부지런한 이들의 활기찬 모습이 보인다. 어디선가 청소차 소리가 들려오고 곧은 도로를 달리는 자동차 소음이 한 블록을 넘어 내게로 전해진다.

오늘 하루, 곧은 선과 굽은 선의 교차를 내 삶에서 몇 번이나 겪으려나, 기대에 찬 마음으로 찬 공기를 마시며 심호흡을 한다.

춤

온몸이 도구요 무기다. 누구나 가는 곳마다 놓고 갈 수 없고 잃어버릴 수 없는 게 몸이다. 연극배우에게 온몸이 도구이듯 춤꾼에게도 그러한가 보다. 가끔 춤추는 게 너무도 자연스러운 이들을 본다. 본인들도 더 없이 즐거울 게다. 드물지 않게 보는 장면이 여럿 모여 있는 곳에서 노래 한 곡 해보라면 못이기는 척 불러 재끼는 광경 아닌가. 나 같은 이들은 그럴만한 곳은 가지 않으려 온갖 구실을 찾고 노력을 다한다.

며칠 전 출판기념회장에서 본 장면이다. 직업적 춤꾼이 오랜 지인인지 축하의 즉흥 춤을 춘다는 것 같았다. 조야하지 않고 그렇다고 엄청 고급스러운 것도 아닌 베옷을 입고 소품처럼 바닥에 긴 한지를 깔고 등장했다. 연륜을 보여주듯 머리칼이 은색이다.

기품이 서린 듯, 조금은 선정적인 듯, 고운 얼굴에 맨발인 여인은 "○○야, 너는 좋겠다. 길어 먹을 우물이 있어서…."라 외치며 얼마간의 한지 가운데를 찢었다. 그날의 주인공이 살아온 삶을 표현하지 않았나 싶다.

각자의 앞에 놓인 과제 같은 구겨진 한지가 삶이 아닐까. 쉽지는 않지만 그렇다고 불가능한 것도 아닌, 흠이 없이 깔끔하기만 하지 않고 적당히 구겨진 그런 삶을 누구나 살게 마련이다. 한지를 두 손으로 들고 부스럭대며 구기고 휘두른다. 청년에 이르기까지 삶은 얼마나 자신만만한가. 결심하고 노력하면 이루지 못할 일이 없는 줄 알았다. 눈은 초롱초롱하고 기억은 쉽게 잊히지 않았고 신체는 싱싱했다. 50이 넘어 이렇다 할 업적이 없는 이들이 오히려 이상했다. 나는 그렇게 살지 않으리란 자신이 있었다.

절제된 춤사위가 펼쳐진다. 발을 들어 내딛었다 주춤 물러나고 팔을 들어 올려 휘젓는다. 노력하는 게지, 힘써 보는 게지. 몇 걸음 나아가다 휘돌기도 하고 한지를 필요한 듯, 거리적 거리는 듯, 목에 걸다 몸에 두르다 한다. 주춤 주춤, 이 보 전진에 일 보 후퇴를 되풀이하며 그래도 앞으로 나가는 것이 젊음이지. 어찌 곧바로 갈 수만 있나. 바르지 못한 방향으로 뛰어보고 비틀거리기도 해야 인생이지. 열심히 달려온 듯해도 돌아보면 출발지에서 그리 멀지 않다.

5분여가 되었을까. 좀 더 길었을까. 축하무대가 끝났다. 여기저기서 박수소리가 난다. 춤꾼의 창작과 표현, 그 노고에 대한 격려이리라. 그가 보여준 춤은 주인공의 삶을 해석할 뿐 아니라 춤꾼 자신의 삶을 보여준다. 자신의 평생이 짧은 순간 보이니 두려운 일이다. 그리 보면 한편의 짤막한 춤에 두 사람의 삶이 들어 있다. 많은 것이 생략되고 높여지고 의례적으로 표현되었을지도 모른다.

내 삶을 춤으로 나타내면 어떤 모습이려나. 웅크린 채로 전면을 응시하는 정지동작이 많을 것 같다. 크고 활발한 동작이 몇 되지 않는 고요와 멈춤의 순간이 많은 밋밋한 춤이 될 듯하다. 이제와 지난날들을 돌아본다. 모두가 힘겨운 시절을 살아왔는데, 더러는 세월과 함께 바다로 커다란 강으로 나아가 거센 물살에 부딪치며 퍼렇게 멍들며 살았을 게다.

젊은 신체가 싱싱해 멍이 오래가지 않고 비틀거리며 넘어져도 발딱 일어나고 며칠 밤을 새워도 피곤하지 않은 것이 시행착오라도 서슴지 말고 감행해 보라는 의미는 아니었을까. 남들보다 한두 마디 늦게 반응을 보이는 게 내 체질인 것 같다. 짧지 않은 지나온 세월에 남들은 세상과 자신이 훤히 보이겠지만, 내게도 어렴풋이 흐릿하게나마 드러남이 감사할 뿐이다.

길어진 인생에, 나아진 환경들을 힘입어 조심스레 내려가고픈 언덕을 바라본다. 두려운 곳에는 가지 말고 싫은 것도 애써 하려 하지 않고 하고 싶은 일들을 호미질하듯 하다보면 한 귀퉁이에 내 세상이 생겨나려나. 내 삶의 후반부를 표현하는 춤사위가 보다 활발하고 뚜렷하다면 좋겠다. 식장의 탁자에 둘러앉은 이들의 삶이 한꺼번에 춤으로 추어지면 어떤 장관이 펼쳐지려나. 다양함이 조화를 이루는 한판의 멋진 춤판이 되려나. 웅크린 채, 멈춘 순간이 많은 내 삶도 함께 묻히고 어우러져 작품 속 한 장면이 되겠지….

상념이 길어지는 순간, 왁자하던 행사가 끝나고 흩어지는 발걸음들이 분주하다. 꿈에서 현실로 돌아온 듯, 어둠 속을 지나 조금은 달라진 마음을 품고 내 삶의 둥지로 향한다.

하산 길

문장대에 올랐다. '글이 감춰진 높은 곳', 무슨 글이 감춰져 있을까. 타고 오르는 마지막 쇠사다리 계단에 거센 바람이 불었다. 머리칼을 흔들어 대는 강풍에 탁 트인 사방을 바라보기 쉽지 않다. 속리산 등반은 문장대를 오르는 게 절정이며, 반일 수밖에 없다. 반환점인 셈이다. 등산 경험이 없는 온 가족이 함께 오르려니 짧은 경로의 쉬운 길을 택했다. 성취감을 누리며 정상에서 내려와 잠시 휴식 후 시간을 보니 세 시 조금 넘었다.

햇살이 가득하다. 조금 더 머물다 가고 싶지만 아쉬움을 안고 가는 것이 미덕이라 여기고 뻐근한 다리로 내려간다. 문장대에서 화북 주차장까지 3.3km 길, 평지라면 한 시간이 채 걸리지 않을 길이요 차로 간다면 5분이면 넉넉할 게다. 문제는 오를 때에도 여러 번 쉬었을 만큼 허약한 체력이다.

쉬며 보아도 신기하다. 산꼭대기에 거대한 바위덩이가 올라앉아 있다니, 정상은 모두가 바위덩어리다. 계곡에 자리한 어떤 바위는 커다란 틈이 생겼고 금이 가고 있다. 쪼개지는 과정을 겪는 중이다. 자세히 보니 갈라진 곳에서 나무가 자라고 있다. 못할 노릇이다. 비와 바람에 날아와 쌓였을 한줌 흙에 씨앗이 떨어지고 끈질긴 생명력은 바위틈 열악한 곳에 뿌리를 내리고 싹을 틔웠을 게다. 아주 조금씩 뿌리가 자라고 계절이 여러 번 지나 얼며 녹기를 거듭하면서 미세한 균열이 가기 시작했으리라. 시작이 어렵지, 강인한 생명력을 뉘라서 막으랴. 고요한 숲 속에 탁탁거리는 소리가 들린다. 소리 나는 곳으로 눈을 옮기니 작은 새 한 마리가 가지에 앉아 나무를 쪼고 있다. 딱따구린가 보다. 보는 내가 머리가 아프다. 거센 나무줄기를 수시로 그 작은 부리로 쪼고 있으니 머리는 온전할까, 부리는 망가지지 않으려나. 그렇게 살아가도록 태어났겠지만 안쓰럽다.

다리가 풀려 내려오는 길이 만만치 않다. 다 한 번씩 넘어져도 나는 괜찮으려니 했더니 미끄러운 흙을 잘못 디뎌 주르르 미끄러진다. 가족들 눈치 채지 못하게 빠르게 수습하려 했지만 헛일이었다. 더 늦게 하산하는 이들이 우리를 추월해 간다. 1km는 내려왔다고 생각하고 이정표를 대하지만 0.2km 하산했다는 현실에 야속할 뿐이다. 우거진 나무로 둘러싸여, 숲은 어둑해지고 날씨는 쌀쌀해간다. 두고 온 높은 산에 가려 해는 보이지 않고 가을 산이

고적하다. 어느덧 다들 내려갔는지 인기척도 들리지 않는다. 한 고비만 넘고 산길이 끝나고 넓은 길이 나오길 바라지만 이정표는 내 기대를 무너뜨린다. 산속의 백 미터는 왜 이리 먼 것인가.

가족이 함께하는데도 돌길로 이어지는 하산 길은 멀미가 날 지경이다. 이런 내 상태를 이야기하면 서로 힘든 게 배가될 것만 같다. 산속의 고요가 긴장감을 더한다. 오래전 청년 때에 백 리가 조금 넘는 길을 몇 번인가 타박타박 걸어본 일이 있었다. 차를 타고 지날 때는 1km가 별것 아니더니 걸어보니 멀다는 걸 절감했는데 오늘은 산속 백 미터가 결코 짧지 않다는 걸 몸으로 느낀다.

햇살이 사라지고 빠르게 어둠이 밀려온다. 한 고비를 넘어 넓은 길이 나타나 주기를 바라건만 다시 나무가 울창한 숲길이 이어진다. 이 땅을 살아가는 게 이러할까. 내 바람과는 무관하게 어려움이 잇따르고 끝나지 않을 것만 같은 힘겨운 일들이 덮쳐오다 모든 걸 포기하고 싶은 순간에야 희미한 출구가 보이는 것인가. 도로를 보고 다 왔다고 먼저 소리쳐 격려하고 싶어 조금 앞서 걸었다. 마침내 앞쪽에 등이 하나 보인다. 평지에 도달했다는 징표리라. 곧 넓은 길이 보이고 시멘트 다리가 나타난다. 긴장이 풀리고 편안함이 밀려온다. 시간이 걸릴 뿐, 평지가 나올 게 분명한데도 꽤 긴장을 했나 보다. 채 여섯 시가 못 되었는데 사위가 캄캄하다.

마음이 놓여선지 걸음이 가볍다. 우리 뒤로도 몇 사람이 더 내려오고 있었다. 이삼십 분만 더 늦었어도 정말 무서울 뻔 했다고 모두가 한마디씩 한다. 집으로 오는 길도 하산 길 못지않게 긴장해야 했다. 해 진 뒤의 시골풍경은 흑암이었다. 가로등이 없는 도로는 한적하고 어두웠고 잘 알지 못하는 길을 안내하는 음성을 따라 돌아오는 건 편하지 않았다. 길가에 들어오는 빨간 신호등이 반갑다. 도로 위 환한 가로등에 마음이 편안해진다.

아무런 부담 없이 가족끼리 편하게 가다가 힘들면 어디서든 돌아서 오자던 등반이, 언제부턴가 쉬면서도 꾸역꾸역 올라가 정상을 오른 것까지는 좋기만 했었다. 정상부근 따뜻한 햇살을 맞으며 출발할 때만 해도 그렇게 긴장하며 등반을 마칠 줄 몰랐다. 가을 산에서의 날씨를 몰랐고 오랜만에 하는 등반에 과욕이 앞섰나 보다.

언제나 그곳에 자리해 오는 이들을 맞이하고 아무 말 없이 깨달음을 주건만 얼마 못 가 그 절절한 깨달음을 잊고 산다. 삶의 현장 곳곳에서 과욕을 부리지 말라고 경고해도 그곳만 벗어나면 이내 마음에서 멀어진다.

내 삶이 하산길이다. 아니라 우겨 될 일이 아니다. 남들은 과욕이라는 걸, 나는 의욕이요 도전적 삶의 자세라고 한다. 산이야 정해진 길 따라 내려오면 조금 늦더라도 평지에 닿아 출발지를 만나지만 삶의 길은 미지의 초행길이다. 문장대에 감춰진 글이 혹시 과욕을 경계하라는 건 아니었을까.

Ⅲ. 평안하다

- 평화로운 날
- 넝쿨을 거두며
- 호박농사
- 화양연화(花樣年華)
- 대단한 사람들(Super men)
- 뒤따라가는 즐거움
- 불꽃놀이
- 봄을 맞으며
- 생활의 창문을 열고

평화로운 날

한 해 중 가장 추운 날이라는 대한(大寒), 드문드문 집들이 자리한 산속 친구 집 난간에 앉아 햇볕을 즐긴다. 이런저런 얘기들을 나누고 있지만 마음은 아늑한 풍경과 따스한 햇살에 있다. 차 소리도 나지 않고 어쩌다 개 짖는 소리와 지나가는 바람소리뿐이다. 이런 곳에 왔으니 모처럼 산을 한번 올라보잔다.

나날이 힘이 올라 보이는 멍멍이와 함께 셋이서 산을 오른다. 얼마까지는 도로가 닦여있고 집터들이 정비되어 있다. 집을 벗어난 멍멍이는 얼마가지 않아 자주 영역을 표시한다. 살아있는 존재들은 자신을 알리고 영향력을 과시하고 싶은가 보다. 하기는 우리나라에 많다는 고인돌과 세계 곳곳에 산재한 용도를 알 수 없는 거대한 옛 석조건축물들이, 외부인들에게 침입할 생각을 말라는 거주자들의 힘을 과시하는 것들이라는 분석을 본 것도 같다.

다른 두 사람은 운동화, 나만 구두를 신었다. 이 집의 아들들이 어느덧 성장해 내 발에 맞는 신발이 없어서다. 도로가 끝나고 산길이 시작되자 구두로 괜찮겠느냐고 내게 묻는다. 그리 멀리 갈 게 아니면 가보자고 답한다. 이제 막 인위적으로 형성하는 마을, 한쪽에 놓이게 된 이백 미터 안팎의 야산, 많은 이들이 다니지 않은 곳이다. 땅이 얼어 있어 그나마 다행이다. 수북이 덮인 낙엽들, 또 다른 다갈색 산이 입은 겨울옷 같다. 곳에 따라 경사가 심한 곳은 나뭇잎들이 구두를 반기지 않는다. 굴곡진 곳들은 어느 곳을 디뎌야 할지 몰라 몸의 본능이 적응하기 쉽지 않다. 힘들지 않느냐는 물음에 꽤 힘이 든다고 과장해 대답을 한다.

멍멍이는 간간히 자기 땅이라고 표시하며 네 발로 가볍게 가고 있다. 네 발을 가진 멍멍이가 이런 때는 부럽다. 내가 아직 네 발을 가지고 있다면 어떤 모습일까. 이 겨울에 서넛 가족들을 데리고 쭈뼛거리며 어느 산등성이를 넘고 있을 것만 같다. 손이 자유롭지 못하면 도구를 쓸 수 없으니 호모파베르가 아니다. 똑바로 일어서지 않으면 두뇌 발달도 제한을 받으니 호모 사피엔스를 포기해야 할 게다. 그러면 사람이 다른 맹수들보다 내세울 게 별로 없으니 맹수들을 압도하기 어려웠으리라. 그냥 몸집이 큰 짐승 중 한 종으로 살아가며 거친 생존의 무대가 두렵기도 했을 게다.

눈앞에 주인을 알 수 없는, 그런대로 가꾸어진 무덤 하나가 보인다. 지면과 구분해 올린 턱을 오르며 언젠가는 누구나 돌아가게 될 죽음의 세계를 생각한다. 마치 흙속에 누운 이가 자신도 한때는 잘 나갔다고 말하는 것 같다. 숨을 멈추면 몇 평 땅이면 족한 것을…. 요즘은 그마저도 줄어들어 한 공간에 공동주택처럼 상하좌우로 차곡차곡 안치되곤 한다. 집착하면 오히려 매이고, 놓아주면 자신도 놓여나는 것 아닌가. 무소유를 들려주던 어른은 다비식을 거쳐 우주로 돌아가 자유로운 상태가 되었음직하다.

조금 더 가겠냐는 물음에 돌아가자고 한다. 욕심 부리다 발목이라도 접질리면 나만 한동안 고생하리라. 가던 길을 되짚어 돌아오다 보니 산을 오르기보다 내려오는 길이 더 만만치 않다. 산중에 흩어진 나뭇가지를 주워 가지를 대충 떼어내고 험하니 짚으며 내려가라고 내게 건넨다. 일상화된 습성대로 괜찮다고, 아니라고 사양하고 내려오며, 고맙다 말하며 받을 걸 그랬다고 후회했다. 배려해서 수고를 해가며 베푼 마음에 거절당한 상처를 준 것 같아 미안하다.

포장된 도로를 만나니 반갑다. 안전이 확보되어 마음이 편해진다. 멍멍이를 데려간 이는 가까워지는 집을 향하며 개 꼬리를 잡으려고 노력 중이다. 멍멍이는 그것을 어떻게 알아채는지 번번이 꼬리를 내린다. 집이 눈앞인 곳에서 한 번 더 자신의 구역임을 알린다. 가만 보니 자기 존재를 알리는 그 순간이 그리 안정되어 보이지 않는다. 한 다리를 들고 내갈리는 모습도, 온몸을 웅크리며 큰 것을 내놓는 순간도 적잖이 불안정해 보였다. 힘을 과시하는 순간이 자연스럽지 못한가 보다. 이리저리 자유롭게 다니는 듯하던 멍멍이가 쇠줄에 매어 있었다. 편하지 않았구나. 자신의 영역도 쇠줄 길이를 넘지 못하면서 본능에 따라 행동한 것이었다는 걸 알았다.

느긋하게 개었던 대한의 하늘에 잿빛구름이 차오르고 있다. 스치는 바람도 쌀쌀한 한기를 품었다. 동장군의 힘으로 사람들을 방안으로 몰아넣던 대한(大寒)만이 그 영향력을 자제하고 있는 줄 알았더니, 별것 아닌 힘들을 드러내 보이는 세상에 시샘이 나는 것일까. 대한이 소한이네 집에 왔다가 얼어 죽었다는 설화 같은 얘기들이 전해져도, 대한 추위가 그런대로 매서울 법한데 올해는 위세가 약하다. 힘이 줄어든 건지 아량을 베푼 것인지, 여하튼 추위에 약한 나는 고마울 뿐이다.

집으로 돌아오는 차에서 바라보는 산하는 대한(大寒)에 어울리지 않게 여기저기 푸른빛이 감돈다. 따사로운 햇살이 비치는 곳이면 으레 자리한 묘지들을 보면서 죽은 이들로 드러내는 살아있는 이들의 영향력을 생각한다. 잘 다듬어지고 억제된 힘이 아름답다. 다음 절기가 입춘이다. 건양다경(建陽多慶)이라 했으니 따듯해지는 날씨를 몸으로 느낄 수 있으리라. 모처럼 그리 춥지 않은 대한에 다갈색 낙엽을 밟으며 산을 오르고 시원한 바람을 쐬며 다정한 이들과 함께했으니 평화로운 하루가 아닐 수 없다.

벌거벗은 나무 가지를 감싸는 햇살이 따사롭고 부드럽다.

넝쿨을 거두며

지난해만 못하다. 옥상까지 번지 못하고 자꾸 밑으로 처지더니 시월 들고는 잎들이 꺼멓게 죽어 마치 박쥐들이 철사에 매달린 것 같다. 꽃들은 많이 피고 열매도 보이는데 얼마 안 가 떨어지곤 했다. 한여름 푸르던 모습이 흉하게 바뀌고 있었다. 아침에 옥상에 올라 철사에 묶어놓았던 돌들을 풀어냈다. 봄부터 이어져온 한살이를 끝내려는 게다.

긴 세월 묶였던 철사에서 벗어난 돌들이 다시 얻은 자유에 한숨을 돌리며 긴장을 풀 듯도 한데 아무 일 없었다는 듯 반응이 없다. 조금 들려있던 불편함에서 털썩 바닥으로 내려앉고는 오래전부터 그랬던 것처럼 고요할 뿐이다. 철사를 타고 간신히 오르던 넝쿨이 제 무게를 이기지 못하고 주르르 아래로 미끄러져 내린다.

아침까지 위로 오르고 꽃을 피우고 푸른 잎들을 내던 끝부분과 달리 굵은 줄기들은 누렇게 바랬다. 양분과 물을 나르던 줄기들이 볼품이 없다. 도시에 나가 바쁜 생활을 하면서도 멋을 낸 자녀들과 그들을 내보내고 시골에서 농사일을 하며 주름진 얼굴로 살아가는 나이 드신 어른들을 보는 것 같다. 삶을 지탱하는 힘이 겉모습에 있지 않다는 걸 생각한다.

중간쯤 넝쿨을 끊고 자른 줄기를 모아 아래로 던졌다. 그들의 생이 내 행동으로 끝이 났다. 며칠이면 생명을 잃은 넝쿨과 잎들은 푸름을 잃고 죽음의 색을 지니게 될 것이다. 넝쿨의 마지막이 더욱 구차하게 느껴진다. 밭두렁이나 담 근처였으면 한쪽에 모여 눈비 속에 천천히 자연으로 돌아가거나, 바짝 마른 후에 다른 것들과 함께 불에 타 흔적을 남기지 않고 근원으로 회귀할 게다. 좁은 도시의 주택에는 그럴 공간이 없어 올해도 지난해처럼 비닐봉투에 담겨 일반쓰레기로 버려질 것이다. 긴 세월 살던 곳을 떠나 차를 타고 쓸데없는 존재로 다뤄지며 밀폐된 공간에서 화로를 거쳐 우주 공간 어느 곳을 떠돌게 되리라.

정도의 차이에 지나지 않으리라. 남겨진 모습 없이 사라지는 그들이나 추석 때 찾아본 부모님의 봉분이나 다를 게 무엇인가. 몇 해 지나지 않아 자연으로 돌아가고, 이 땅의 인연이 그리워 흔적으로라도 기리고 싶어 그곳에 모신 것뿐 그분들은 벌써 비바람과 어울려 자유롭게 우주를 누비고 계시리라. 한 해 남짓을 살았던 호박이나 백여 년의 삶으로 영원을 살 것처럼 여기는 인간의 차이는 무언가. 큰 그림을 보면 별반 다르지 않은 것 같다. 긴 세월 희로애락을 겪으며 대단한 업적을 후세에 남긴다 한들 인간 외에 어떤 존재가 그것을 기억해 줄까. 장대한 건축물을 짓고 커다란 토성을 쌓는다 해도 삼사 대만 흐르면 건축자들과 인간적 유대를 나눌 수 없고 그들의 모습을 기억하지 못한다. 기껏해야 영정으로 남고 족보에 올라 친족들의 이야기 속을 벗어나지 못하다 그마저 어느 순간 사라지고 만다.

이 땅의 삶이 아쉬워 사람들은 수많은 종교를 만들고 그 틀 안에서 평안을 누리려 한다. 앞선 이들의 깨달음과 가르침을 이어받고 자신의 체험과 사유를 더해 영원으로 이어지는 길들을 찾으려 한다. 어떤 이들은 찾았다 하나 개인 혹은 집단이 갖는 믿음의 연장일 뿐이다. 그 누구도 경험하지 못하고 경험자에게 들을 수 없고 검증할 수 없는 것을 약속에 의지해 바라고 믿는 게다. 내가 믿고 전하는 신앙세계의 영원한 삶을 멀리 바라보며 그 속에 합류하기를 간절히 원한다. 그렇지만 이 땅의 논리로는 지루해지지 않고 끝없이 지속되는 즐거움이 무엇이며 그 삶에 무슨 의욕이 있을까, 영원히 지속되는 삶이라면 지금 못하면 다음에 하면 되는 것 아닌가 하는 부질없는 사념을 갖기도 한다. 그릇 용량을 초과하는 물건을 담을 수 없으니 한정된 내 사고의 틀로 영원을 이해하려는 시도 자체가 온당치 못하다.

지금 할 일을 내 수준에서 하나씩 해나가는 것이 후회를 남기지 않는 삶이다. 장마에 사나왔던 물결도 며칠 가지 않아 평온을 되찾는다. 고요한 물결을 보며 사색을 즐기고 때로는 개울을 가로지르는 징검다리를 건널 수도 있지만 물살이 거칠 때는 생명과 재산을 잃기도 한다. 환경과 이웃과 내가 지금 어떤 모습을 지니고 있는지가 중요하다. 지금이 미래뿐 아니라 과거에까지 그 힘을 미친다. 거창하게 볼 것도, 그렇다고 무시할 일도 아니다.

넝쿨을 타고 오르던 호박도 땅과 공기와 철사 그리고 꽃과 잎과 줄기와 한 세상을 이루고 있었다. 그 삶이 계절과 이어지고 벌과 나비와 연관되어 넓혀져 갔다. 내 세계도 부모와 자녀 그리고 이웃과 이어지고 날마다 부딪치고 울고 웃는 이들과 맞닿아 있다.

이 아침 내 손길에 호박의 생이 마감되듯 내 삶이 언제 어떤 손길에 의해 마감될지 모른다. 변화하는 현재의 모습에서 내 할 일이 무엇인가를 순한 눈으로 찾아보련다. 이리저리 제한된 내 생각으로 영원을 재단해 보지도 않으련다. 오늘 아침 거두어진 호박넝쿨이 지난밤에도 여린 새잎을 내고 넝쿨을 벋어 미미한 거리를 나아갔을 것처럼 내 새로운 잎을 내고 가는 넝쿨손을 뻗어야지….

봄부터 한여름을 살고 거두어져 한곳에 모인 넝쿨들에게 왠지 모르게 미안한 마음이 든다.

호박농사

꽃밭과 뒤뜰에 호박을 심었다. 손님이 오면 같이 구경하며 꽃을 보려는 게지 호박은 열리지 않는다고 했다. 작년에는 뒤뜰에만 심었는데 꽃도 좋았지만 쪄 먹는 호박잎이 큰 즐거움을 주었다. 열매를 기대하지 않은 건 땅이 척박하고 햇볕이 충분히 들지 않아서다. 줄기를 벋고 무성한 잎들을 내면서 덩굴손은 거침없이 나아갔다. 피어나는 꽃들이 거의 수꽃인 게 신기했다. 아주 드물게 암꽃이 피고 호박이 달렸다가 며칠 못가 떨어지곤 했다.

영양이 부족해 스스로 열매를 포기한다고 짐작했다. 올해도 여러 번 호박잎을 따고, 추억을 그리워하는 서너 집에 싱싱한 잎들을 나누어 주었다. 뒤뜰의 호박은 커가는 속도는 빠른데, 잎들이 생기를 잃어 갔다. 하지만 꽃밭에 자라는 몇 포기는 계단 난간을 타고 오르며 아침마다 꽃을 피우고 무성함을 자랑했다. 중력을 거스르듯 허공으로 손을 펼쳐 줄기차게 나아가더니 이층 바닥에 자리를 잡았다. 겁 없이 저벅저벅 나아가는 사마귀 같다 할까. 아침마다 커가는 모습과 노란 꽃을 보는 기쁨이 쏠쏠했다.

어느 날인가 바닥을 기듯 피어난 꽃들을 보다가 아기주먹만 한 호박이 달려있는 걸 발견했다. 아침마다 내 눈길이 가고, 호박은 하루가 다르게 굵어지고 있었다. 아내도 호박이 열려 자라고 있다는 걸 알고 있었다. 며칠이 지나니 갓난아이 머리통 만하게 자라 있었다. 그 처리를 어떻게 할까 아내는 고민했던 모양이다. 우리 집에서 처음 익은 귀한 호박에 특별한 의미를 부여하고 있었나 보다.

지금도 교인들 중 더러는 처음 거둔 열매를 하나님께 드리는 마음으로 목회자 가정에 가져오곤 한다. 아내는 우리가 목회자 가정이니 그건 아니라고 여겼는지 고심 끝에 동네 사람들이 여럿 모이는 가게로 가져갔다. 가게 주인은 이웃들과 친해서 음식을 만들어 자주 많은 이들과 나누고 있었다. 우리가 처음 이사 왔을 때에도 김장을 했다며 몇 포기 가져다주었다.

그날 외출했다 돌아오니 문간방에 떡 봉지가 놓여 있었다. 호박이 떡으로 바뀌어 나타난 듯했다. 이튿날 아내는 호박으로 부침개를 만들어 여럿이 맛있게 먹었다는 얘기를 들었고, 나는 떡의 출처가 가게 주인이라는 걸 알았다.

자세히 호박잎 아래를 살피니 대여섯 개 호박이 또 자라나고 있었다. 게다가 얼마나 성장이 빠른지 하루만 지나도 눈에 띄게 굵어지고 통통해진다. 하나는 난간에 매달려 그 무게 때문에 날마다 아래로 처지고 있다. 방에서 창문으로 그 모습이 보이는데 초등학생이 그린 정물화 같아 오래도록 두고 그림을 감상하듯 보려 한다.

이번에 오랜만에 처제가 온다 하니, 아내는 맞춤하게 자란 호박을 선물한단다. 굵고 통통하게 잘 자란 것이, 정이 간다. 늘 이런 저런 일로 처제가 도움을 줬다. 경제적인 가치로야 보잘 게 없지만 정성과 의미를 담아 마음의 선물로 주려는 게다.

요즘 뜻밖에 호박을 얻게 된 아내는 즐거움을 감추지 못한다. 내년에는 아예 처음부터 난간을 이용해 옥상으로 올려야겠다고 각오가 대단하다. 뒤뜰에선 아직 제대로 된 호박 하나 얻지 못했다. 그 이유가 궁금하다. 긴 세월 시골에서 살아, 호박 반찬은 당연히 여겼지만 성장에는 무관심해 왜 그런지 모르겠다. 아내와 나는 햇볕의 양과 강도의 차이일 거라고 그저 짐작만할 뿐이다.

자세히 살피지 않아 그렇지 부정확한 지식은 이것만이 아닐 게다. 온 힘을 다해 튼실한 열매를 맺는 호박이 겸손하라고 내게 무언의 교훈을 준다. 삶의 많은 부분을 깊숙이 들여다보면 안다고 할 게 얼마나 있을까. 겉을 조금 아는 걸 안다고 착각하고 사는 건 아닐까. 내가 맺고 있는 인간관계도 깊은 차원으로 들어가지 못하고 지극히 표면적인 부분을 맴돌고 있다는 생각을 떨쳐내기 어렵다.

아내는 적당히 자랐다고 여겨지는 호박 하나를 따 와서 이번에는 우리가 먹자고 한다. 주방에서 칼질하는 소리가 또각또각 전해져 온다. 오늘 점심반찬은 호박볶음인가 보다. 잠시 조용하다. 아내가 몇 개 남은 호박을 함께 나눌 이들을 생각하고 있는 듯하다.

화양연화(花樣年華)

며칠 전 꿈을 꾸었다. 맞붙어 무술실력 고수는 살아남고 하수는 죽어야 하는 상황이었다. 프로이드는 무엇이라 할지 모르겠다. 꿈 속에서도 나는 손꼽을만한 고수는 아니었다. 무작위로 만나 생사가 가려지는 경기니 서너 번이면 죽어야 했다. 내 목이 찔려 죽어야 했다. 그리 억울하지도 고통스럽지도 않았다. 잠을 깨고 뭐 그런 얼토당토않은 꿈이 있는가 하고 생각했다. 다행이 세상은 최고수만 살아남지는 않는다. 어찌 보면 유유상종으로 비슷한 이들끼리 어울려 사는 것 같고 위로 갈수록 살벌해 보인다.

직장생활을 하면서 틈틈이 글을 써서 벌써 책 몇 권을 출간한 이의 글을 읽고 있었다. 직장 선배가 어느 날 아침 문자로 달랑 네 글자를 보내 주었단다. 도광양회. 출전은 삼국지연의인가 보다. 유비가 거처를 잃고 조조에게 얹혀살 때, 조조는 "세상에 영웅은 그대와 나 뿐이다."라고 속마음을 떠보려 한다. 마침 울리는 천둥소리에 유비는 수저를 놓치며 상 밑에 숨어들어 대단한 인물이 아니란 인상을 남긴다. 조조는 경계심을 풀고 유비는 적당한 때에 조조의 품을 떠나 천하를 겨루는 호적수가 된다.

저자는 이 네 글자만은 마음에 단단히 새기겠다는 각오를 한다. 이 글을 받았을 때에 상황이 좋지 않았을 게다. 상처받을 것을 염려해서 위로와 격려, 새로운 다짐을 위해 보냈으리라. 도광양회(韜光養晦), 중국의 등소평이 외교정책으로 사용하여 널리 알려졌다. '자신을 감추고 실력을 기르며 때를 기다린다'는 의미다. 글자의 의미를 따르면 빛 아래 감추고 어둠에서 기른다는 뜻이다. 그렇게 해서 중국은 세계의 2인자가 되었다. 낭중지추(囊中之錐)라 했던가. 주머니 속에 송곳을 아무리 감추려 해도 어쩔 수 없이 드러난다는 말이다. 자신을 감추기도 쉽지만은 않은가 보다.

저자는 항상 몇 권의 책을 소유하고 몇 줄의 글이라도 날마다 쓰려고 노력하는 모양이다. 해외출장이 잦은 부서에 일하면서 비행기 안에서, 외국의 낯선 도시에서도 감각을 잃지 않으려는 애씀이 보인다. 하기는 중학교 때 선생님이 저자가 소설을 쓰는 작가가 되리라 생각해서 신춘문예발표를 유심히 보았다니 글 쓰는 재주가 상당했을 듯하다.

어느 장례식장에서 한때 반항아적 이미지로 수많은 청춘물의 주연을 독차지해 시대를 풍미했지만 이제는 아버지나 사극의 장수역으로 나오는 중견배우를 보았단다. 한물간 듯한 그러면서도 편안한 인상으로 육개장을 먹고 있는 그를 보면서 화양연화를 생각했다고 한다. 이 말 화양연화(花樣年華)는 유래를 담고 있는 한자성어는 아닌 것 같다. 이런 제목으로 중국영화가 있고 가요와 책과 만화가 있다. 아마도 영화가 인기가 있어서 그 말이 자주 사용되었나 보다. 화양(花樣)은 꽃모양으로 '꽃'을, 연화(年華)는 빛나는 시절로, '시기'를 뜻해 꽃처럼 빛나는 시절이란 의미인가 보다. 저자는 배우의 청년시절보다 현재가 더 좋아보였던 모양이다. 항상 주인공이어야 즐겁고 조연이면 서글픈 건 아니다. 주인공보다 빛나는 조연일 수도 있고 빛나지 않아도 즐거울 때가 있지 않을까.

우리 사회가 좁은 땅에 인구가 많고 짧은 기간에 여러 분야의 성취를 이루다보니 경쟁이 치열해 승자를 기억하고 그것도 일등만을 강조해서 그렇지 귀하지 않은 이가 누가 있을까. 인생은 학창시절 시험 치듯 시간이 토막 나 있지 않고 타고난 재능과 여건이 모두 다르니 결과로만 판단할 수는 없다. 무리에서 벗어나 자신만의 눈으로 스스로를 보면 누구에게나 소설의 구성단계처럼 발단 전개 위기 절정 결말의 때가 있지 않을까. 위기를 겪으며 맞이하는 절정의 때가 화양연화다. 그 당시는 어려운 순간을 넘어서느라 그 순간이 절정임을 모를 수도 있다. 절정의 순간이 지나고 되돌아볼 때 알 수 있는 화려했던 시절이다.

재능과 환경이 다르듯, 화양연화의 시절도 정해진 것은 아닐 게다. 상황에 따라 초년 중년 장년 노년 그 어떤 시기에 맞을 수 있다. 이때가 신체발달처럼 자연스레 다가오지는 않으리라. 계획적이고 의도적인 노력으로 자신이 맞이하는 것일 게다. 텔레비전에는 화양연화를 맞고 있는 이들의 이야기가 화려하게 펼쳐진다. 하지만 그들이 친숙해 보이고 자신과 별 차이가 없이 느껴져도 현실의 격차는 너무 벌어져 있다. 그들과 친숙해져 그런 시절을 사는 게 아니라 어둠 속에 부단한 노력을 쏟아 자신의 때를 만들어야 방송국이 자신을 찾아 줄게다.

한 해에도 무수한 책들이 출간된다. 어떤 이는 극소수의 명저와 대다수의 평범한 책들이라고 평했다. 한 유명한 가수는 욕심을 부리지 않고 담백하게 해야 훌륭한 노래가 된다고 했다. 삶이 정답이 없고 어렵듯 쉬운 것이 없다. 그래도 부인할 수 없는 것은 도광양회의 시절이 없이는 화양연화를 맞이하기를 기대할 수 없다는 것 아닐까. 힘겹고 지루한 준비 과정 없이는 의미 있는 완성품이 만들어지지 않는다.

내 화양연화는 언제였을까. 모르겠다. 이제라도 도광양회를 게을리 하지 않는다면 한동안의 세월이 지나 내게 찾아올 게다. 그 때를 상상하며 내 속에 힘을 지긋이 끌어올린다. 감출 것은 없지만 불을 꺼야지, 어둠 속에서 내 힘을 길러야 하니까. 저 멀리서 머뭇거리며 내 화양연화가 느릿느릿 다가오고 있다고 믿고 싶다. 나를 이끄는 또 다른 힘이다.

대단한 사람들(Super men)

얼마 전 신문에서 한 취재기사를 읽고 큰 충격을 받았다. 내가 직접 확인하지 않아 부정하고 싶었다. 책을 가슴에 안고 하늘로 뛰어오르는 사진을 보고도 믿기 어려웠다. 서른아홉부터 직장생활과 가정 일을 병행하면서 하루에 한 권씩 책을 읽고 독후감을 쓰기를 여섯 해를 했다고 한다. 최근에는 그에 관한 책을 냈는데 초고 작성에 십칠 일밖에 걸리지 않았단다.

학창시절에 공부에 취미가 있었던 것도 아니고 책읽기를 즐기지도 않았다. 전문대를 졸업하고 직장생활을 하다 연애를 하고 스물일곱에 결혼했다. 남편은 실직을 하고 이런저런 일에 실패하면서 실의에 빠져, 할 수 없이 그녀가 생활전선에 뛰어들었단다. 그 힘든 환경 속에서, 서른아홉에 책을 만나 닥치는 대로 독하게 읽었다. 이천여 권의 책을 읽으니 자신이 변하고 남편은 취직하고,

건강도 좋아졌다고 한다.

그 여인에 관해 다른 건 큰 관심이 없다. 어떤 면이 얼마나 좋아졌나, 정말 책을 읽으니 건강해졌나가 궁금한 게 아니라 과연 하루에 책 한 권을 읽고 독후감을 쓰는 일을 육 년을 하루같이 해낼 수 있는가가 관심사고 궁금하다. 웬만한 책 한 권을 읽으려면 여덟 시간 가량이 걸리고 독후감도 두어 시간은 걸린다. 잠을 줄이고 출근 전에 백여 쪽을 읽고, 시간이 날 때마다 악착같이 독하게 읽었다고 한다. 그렇게 열악한 상황에서 그 여인이 해낸 걸 왜 나는 하지 못한 건가. 할 말이 없다.

아무리 생각해도 그녀를 범인과 확연히 다른 능력자로 몰아붙이는 게 마음 편하다. 건강, 의지, 독서능력이 보통사람과는 비교할 수 없는 대단한 여인이다. 어쩌면 삶의 막다른 골목에서 초인적인 의지가 발휘된 건지도 모르겠다. 위안이 되지 않는다. 마치 정수리를 망치로 한 대 강하게 맞은 느낌이다. 그래, 못 오를 나무는 쳐다보지도 말자. 와, 대단하다고 감탄할 수는 있어도 내가 흉내 낼 수 있는 상대는 아닌 걸로 하자. 뱁새가 황새를 따라가다 가랑이 찢어진다고 하지 않는가. 편치 않다. 적어도 책 읽는 일에는 내가 더 익숙했을 텐데…, 책을 읽겠다는 의식도 뒤지지 않았을 것인데 어디서 문제가 생긴 건가. 그 여인이 이천 권을 읽을 때 나는 몇 권을 읽었을까.

18세기 중반에 청주에서 출생해 지금부터 이백여 년 전에 세상을 떠난 사주당(師朱堂) 이씨(李氏)라는 여인이 있었다. 사주당이라는 당호(堂號)에서 알 수 있듯이 주자를 스승으로 삼겠다는 결연한 의지로 독학해서 유학(儒學)을 공부했다. 사주당의 명성에 그녀의 학문과 견해를 듣기 위해 원근각처에서 많은 이들이 찾아왔다고 한다. 태교의 중요성을 인식해 그때까지 흩어져있던 글들을 모으고 자신의 경험을 보태, 태교신기(胎教新記)라는 책을 저술한다. 그녀가 남녀유별이 행해지던 그 시기에 부친에게 기초를 배웠다고 짐작해도 놀라운 일이 아닐 수 없다.

나는 책 구입이 자유로우며 도서관에 가면 자료가 가득하고 이용할 수 있는 곳이 여러 곳이다. 글을 써보겠다면서 철저히 준비하지 못한 자괴감(自愧感)을 떨치기 어렵다. 내 자신이 본래 야무지지 못한 걸 안다. 그래도 육 년 동안 날마다 책 한 권씩 읽은 여인처럼 할 수는 없었을까.

가까운 곳 증평에서 나고 자라고 죽은 백곡 김득신은 열 살에 글공부를 시작했고, 재능이 빼어나지 못했어도 꾸준함으로 놀라운 결과를 보여주었다. 다산 정약용도 "독서에 부지런하고 빼어난 이는 백곡이 제일"이라고 인정했단다. 만 번 이상 읽은 책만 36권이란다.

그는 조선의 독서왕으로 불린다. 어찌 조선뿐이랴. 미욱하게 꾸준히 한 가지 일에 온 힘을 기울이면 어떤 결실을 맺을 수 있는가를 그가 보여준다. 그의 묘비에는 "재능이 없거나 넓지 못하면 한

가지에 정진해 한 가지를 이루려고 힘써라"라는 구절이 있다고 한다.

내가 위안 삼는 게 있다. 많은 이들이 육 년간 이천 권을 읽고, 혼자 독학으로 학문을 이루거나, 백곡처럼 하기는 어렵다. 그들의 이야기를 듣고 감탄할 수는 있어도 똑같이 하기에는 적지 않은 장벽들이 있다. 오히려 그들과는 견줄 수 없지만 내가 사 년여 만에 백여 권의 책을 읽었다고 하면 많은 이들이 '별 것도 아니네, 그 정도는 나도 할 수 있겠네.' 하고 힘과 용기를 얻을 수 있을 것 같다. 대단한 이들은 대단하게, 나 같은 이들은 조금 느리게, 지속적으로 자신의 길을 가는 것 아닐까.

백곡의 묘비에는 이런 구절도 있다고 한다. "배우는 이는 재능이 남보다 못하다고 스스로 한계를 만들지 말라. 나는 어리석었지만 끝내 이루었다. 부지런해야 한다." 다른 이를 보고 흔들리거나 위축되지 말아야 한다. 나는 나일뿐, 인생의 긴 여정을 가려면 자기 속도를 잃어서는 안 된다. 단지 염려스러운 건 내 능력에 비추어 게으르게 살면서, 더 많은 걸 할 수 있는데 적은 것으로 만족하지 않는가이다.

이제는 스스로 삶의 반환점을 돌았음을 인정할 나이가 되었다. 번민과 갈등 속에 흔들렸던 젊음의 때를 보내고, 가야 할 길을 알고 이루고 싶은 목표도 여럿 있다. 아스라이 저 멀리서 내게 손짓하는 깃발들을 향해 내 속도대로 오늘도 내일도 꾸준히 가다보면 나도 괜찮은 삶을 산 사람이 되어 있지 않을까 스스로 위안을 삼아본다.

뒤따라가는 즐거움

우리 사회가 언제부터 극심한 경쟁사회가 되었을까. 외부와의 살아남기 위한 싸움이야 항상 치열했을 테고 내부적으로도 더 나은 것을 차지하기 위한 소소한 다툼은 늘 있어 왔을 것이다. 그러나 오랜 세월 혈연중심의 농경문화 속에서 경쟁은 자제되고 협동이 권장되었으리라. 구성원들이 거의 변하지 않는 채로 매일처럼 얼굴을 마주하며 살아야 하는 것이 농경사회이고 특성상 수시로 공동 작업이 필요하므로 지나친 경쟁은 모두에게 도움이 되지 않았을 것이다.

산업사회로 들어서면서 공동 작업에서 이탈하는 이들이 서서히 나타났으리라. 근대사회에서 산업화는 도시화를 수반하므로 촌락 중심에서 도시 중심의 생활로 옮겨가고 문화의 주도권이 급격히 도시로 넘어 갔다. 교통 통신의 발달과 아파트 문화로 상징되는 도시문화는 연대에서 개별화로, 협동에서 경쟁으로 나아가고 집단에서 벗어나 개인 혹은 내 가정 중심의 편리함을 맛보게 되면 그것은 필연적으로 경쟁과 소외를 불러 왔을 것이다. 대부분의 영역에서 집단보다는 개인을 상대하기가 수월하므로 특정집단에 의한 의도적인 개인화도 일어났음직하다.

인간의 존재와 함께 늘 있어 왔을 개인의 능력차는 경쟁의 또 다른 모습을 자연스럽게 심어 주었으리라. 나이가 능력으로 인식되다가 어느 순간 노인들이 체력과 지력에서 젊은이들에게 밀려나게 된다. 그것이 자연계와 역사의 순리요 법칙임에 누가 거스를 수 있나. 그 과정에서 마음도 상하고 번민도 많지만 결국은 받아들일 수밖에 없다.

자신의 분야나 취미생활에서 누구나 스스로의 위치가 있다. 자라나는 세대들은 항상 위협적이다. 돌이켜보면 예전 어느 순간에 나도 선배들에게 위협적이었을 것이다. 어느 정도의 세월과 함께 적당한 위치가 주어지고 정리가 된다. 예전에는 진입하는 입장이어서 밀려나는 처지를 이해할 수 없었다. 어쩌면 그럴 여유도 없었다. 그런데 이제는 주로 밀려나는 형편이니 예전에 그들이 느꼈을 감정을 이해할 수 있다. 한편으로는 마음이 상하고 오기가 솟는다. 아직은 밀려날 수 없다는 저항감도 있다. 영어와 한자와 탁구 등을 오랜 세월 해 왔다. 그러나 그 영역에 재능이 있는 이들이 등장하면 예상보다 빠른 시일에 나를 추월하여 앞서가는 그들의 모습을 뒤에서 보게 된다. 그럴 때는 그들의 재능과 능력에 기가 막힌다. 내가 달려왔던 속도보다 비교도 안 되는 광속(光速)으로 그들은 치고 나간다. 너희가 치고 나가야 세상이 발전하지. 그래, 내가 따라잡을 수 없는 곳까지 멀리멀리 가거라. 그들이 저만큼 앞서가면 편해지는 느낌이 있다. 오히려 내 앞에 가까이 있을 때가 문제지 아주 멀리 가버리면 포기하고 인정하게 된다.

뒤따라가는 유익함도 있다. 앞서가는 이들은 시행착오의 가능성도 있고 상의할 상대도 없다. 모두가 앞서가는 이들을 따라잡으려 한다. 조금만 뒤처져 가도 관심권에서 벗어나고 자유로워진다. 앞선 이가 있으면 적어도 그 지점까지는 시행착오의 걱정 없이 갈 수 있다. 따라잡을 존재가 눈앞에 있으니 도전할 마음이 생기고 쫓기는 것보다 훨씬 더 편안한 마음으로 일에 전념할 수 있다. 아무도 가지 않은, 방향도 분명하지 않은 길을 혼자 고민하며 가는 것보다 한 발 늦더라도 여유 있게 휘파람불며 따라가다 보면 힘도 비축되고 여유도 생기리라. 그 힘으로 기회가 되면 간격을 좁힐 수 있고 때로는 추월할 수도 있다. 그렇지만 마음의 여유가 있다면 굳이 앞서갈 이유는 없다. 한 발짝 뒤에서 따라가는 것이 오히려 즐거울 수 있다. 또한 뒤따라가면서 앞선 이를 격려할 수 있다.

적자생존(適者生存)을 외치는 삭막한 경쟁시대에 실력을 가지고도 한걸음 양보하는 것은 미덕이다. 힘이 부쳐서 상대를 앞세우는 것도 전혀 문제될 것이 없다. 조바심치며 안달해하지 않는다면 여러 면에서 힘이 덜 드는, 뒤따라가는 것이 즐거운 일이고 함께 사는 일이며 명예를 주고 실리를 얻는 일이다. 언젠가는 누군가에게 어쩔 수 없이 자리를 내어 주어야 한다. 다만 조금 일찍 비켜 주는 것이다. 즐거운 마음으로.

불꽃놀이

대농공원 다목적 문화관에서 열리고 있는 고흐의 미디어아트전을 보았다. 좁은 방 어두운 분위기, 흐릿한 남폿불 아래 다섯 식구가 식탁에 둘러앉아 감자를 먹고 있다. 빈센트 반 고흐가 1885년 봄에 그렸다고 하는 가난하고 고단한 삶에 대단한 희망이나 기대가 없어 보이는 〈감자 먹는 사람들〉이다. 고흐는 서른일곱에 권총 자살로 삶을 마감하는데, 본격적으로 그림을 그린 10년 남짓 동안 이천 점이 넘는 작품을 남긴다. 동생 테오에게 그 시절에 쓴 편지가 650여 통 전해지니 그 기간을 그가 얼마나 열심히 살았는지 짐작할 수 있다.

고흐는 짧은 삶을 힘겹게 살았다. 가족력으로 추측되는 정신병의 발작으로 중학교를 마치지 못하고 화랑 점원 생활을 시작한다. 평생을 따라다니며 그의 삶의 방향을 틀었던 운명적 아픔을 뭐라 할 수 있을까. 남의 것을 잘 받아들이지 못하고 자기신념이 분명했던 고흐였다. 할아버지와 아버지를 비롯해 주변에 목회자가 많아 성직의 길을 가려 했으나 실제와 너무 동떨어진 것 같아 신학을 포기하고 선교사의 길을 가려 한다. 탄광촌 노동자들의 열악한 삶을 보고 그들에게 혼신의 열정을 쏟은 것이 오히려 그 일에 적합하지 못한 것으로 평가되어 그 일마저 못하고 집으로 돌아온다.

아버지의 목회지인 뉘넨에서 야심차게 그린 작품, 자신이 성공작이라고 생각하고 자부심을 가졌던 게 〈감자 먹는 사람들〉이다. 사람들이 이 작품을 혹평하고 유일한 후원자인 동생 테오조차 인정해 주지 않았을 때, 적지 않은 충격을 받았을 게다. 어두운 색조와 무거운 느낌들, 크게 기대할 것 없는 미래와 힘겨운 현실이 고흐의 형편을 그대로 보여주는 것인지 모른다.

고흐 생전에 팔아본 작품은 딱 한 점이라고 한다. 아를에서 그렸던 〈붉은 포도밭〉, 당시에 400프랑 약 1,000달러에 팔렸단다. 고흐의 생활형편을 짐작할 수 있겠다. 수입이라곤 없고 오직 동생에게 도움을 받았으니 형으로서 자존심도 서지 않고 넉넉히 쓸 수도 없었을 게다. 잘 나가는 화상(畫商)이었던 동생은 얼마나 형의 작품을 팔고 싶었을까. 여러 고객들에게 적잖이 추천하고 거절도 당했을 거다. 그 안타까움을 형에게는 전하지 않았을까. 당시에 잘 팔리는 작품들의 경향과 형이 그린 그림의 차이를 누차 얘기했으리라. 고흐는 주변의 충고를 받아들이지 않는다.

내가 기억하는 고흐의 작품이 몇 점 된다. 연작들이 여럿인데 〈자화상〉, 〈해바라기〉, 〈별이 빛나는 밤〉, 〈씨 뿌리는 사람〉, 〈지누 부인〉 같은 작품들이다. 이런 작품들은 현재 하나에 수백억을 호가한다. 고흐가 만들어 인류에게 남긴 찬란한 불꽃들이다. 이 불꽃들을 만들기 위해 그 자신은 숱한 고민과 어려움을 겪었다. 멀리에서 보고 즐기는 이들과 그것을 창조해내는 이들의 차이일 게다. 물 흐르듯 자연스레 진행되는 한 편의 연극이 상연되기 위해 관객들에게 공개되지 않는 오랜 기간 배우들의 맹연습이 있어야 하는 것과 같은 이치 아닐까.

고흐에게 천국과 지옥을 함께 경험하게 해준 사건은 고갱과의 아를에서의 두 달여 생활일 것이다. 같은 길을 가는 화가들끼리 함께 모여 공동생활을 하는 것이 고흐의 꿈 중 하나였다고 한다. 아를에 집을 얻고 친한 화가들에게 편지를 띄운다. 편지를 받은 친구들은 한 사람도 오지 않는다. 유일하게 찾아준 고갱도 고흐의 영향은 아니었다. 동생 테오에게 신세진 바가 많아 거절하지 못하고 온 게다. 고갱이 온다는 소식을 듣고 얼마나 반갑고 설렜을까. 방을 마련하고 해바라기 그림으로 환영할 준비를 한다. 그렇지만 그들의 동거는 두 달을 넘지 못한 채 충격적인 사건으로 끝나고 만다. 그 상황이 얼마나 심각했던지 고갱은 그 후로 한 번도 고흐를 찾지 않았다.

그는 말년을 병원에서 보낸다. 주민들이 고흐를 정신병원에 수

용해야 한다고 했단다. 병원에서도 그림 그리는 것을 멈추지 않았다. 그 당시 고흐에게는 그림을 제외하고는 존재 의미가 없었을 게다. 마지막으로 옮겨간 병원에서 두 달여를 살다가 스스로 삶을 마감한다. 그에게 이 세상은 너무도 답답한 곳이었나 보다. 그림을 통해 뜻을 펼치고자 쉬지 않고 최선을 다해도 세상은 그를 알아주지 않았다. 오직 동생만 자기편이었고 원하지 않는 질병이 평생 그를 따라 다녔다. 젊음의 때에 시도했던 사랑도 잘 이루어지지 않았다. 심신이 흔들리는 불안 속에 그림의 선들도 요동칠 수밖에 없었다.

그가 고통 속에 쏘아올린 불꽃들이 인정받기 시작한 것은 사후 십여 년이 지나고 부터였다. 그 희열과 함성이 지금도 계속되고 있다. 하늘을 오르고 터지기 시작한 그의 불꽃과 함께 그의 외로움과 고통, 성실함과 독특함이 이제는 인류를 붙잡고 놓아주지 않고 있다. 그는 이렇게 말한 적이 있다. "언제나 나만의 눈으로 세상을 볼 것이며, 나만의 기법으로 그림을 그릴 것이다."

지금도 세계 곳곳에서 그의 전시회가 열리고, 많은 사람들이 고흐에 대한 사랑으로 아를과 오베르를 비롯해 그의 체취가 어린 곳들을 찾고 있다.

감자 먹는 사람들이나 그들을 그리는 고흐나 당시에는 삶이 힘에 겨웠다. 하지만 고통의 때를 견디고 혼신의 노력을 기울이면, 그들이 쏟았던 땀과 눈물들이 한데 어울리며 높이 솟아올라 후세를 살아가는 이들에게 아름답게 퍼져가는 불꽃놀이로 한없이 빛나는 건 아닐까.

봄을 맞으며

미련을 버리지 못한 겨울이 무거운 몸을 일으켜 느린 걸음을 떼고, 길었던 그림자가 남아 찬바람이 마지막 위세를 떨치던 때에, 한데서 겨울을 난 이들이 마지막 긴장을 늦추지 못하고 있었다.

"… 대통령 박근혜를 파면한다."

감정이 묘하다. 안타깝고 서글프고 후련하다. 세계의 언론들은 민주주의의 모범사례라고 격찬하는 모양이다. 이 큰일에 양쪽 어디 한 번도 가보지 않았고 여러 방송에서 생중계하듯 보여주는 것을 가끔 보았을 뿐이다. 헌법재판소장 대행이 결정을 선고하는 걸 실시간으로 보았다. 앞부분을 읽어내려 가는데 이것도 저것도 탄핵의 사유가 아니라 하니 안심도 되고 걱정도 되었다. 되돌릴 수 없는 판결, 탄핵이다. 기뻐할 일도 서러워 할 일도 아니다. 한 시대가 간 게다. 우리의 현대사에 지울 수 없는 빛과 그림자를 남겼던 부녀 대통령의 역사가 막을 내렸다. 자신들이 확연한 명암으로 서로의 빚을 상쇄하고 이제 뒷골목으로 사라지고 있다.

지하자원을 탐사하듯 현대사를 십오 년씩 건너뛰어 우리 민주주의가 얼마나 달라졌나 보고 싶다. 올해는 큰 충돌이나 사고 없이 대사를 마무리하는 느낌이다. 자신의 뜻을 나타내는 이들, 그것을 경비하는 이들, 반대를 주장하는 이들까지도 이성과 자제력을 발휘해 수백만이 양쪽에서 집회를 열어도 불상사가 없었다. 오히려 양쪽 다 민주주의의 축제를 열고 성숙한 모습을 보여준 듯하다.

2002년에도 대규모 인파가 거리로 쏟아져 나왔다. 정치색과 무관하게 붉은 물결로 하나가 되었다. 50여 년 만에 붉은 색의 금기에서 통쾌하게 벗어난 순간이었다. 한 달여간 온 국민의 축제가 이어졌다. 학생들뿐 아니라 남녀노소가 어울렸다. 그때, 젊은이들의 놀라운 힘을 확인할 수 있었다. 그들은 의무에서가 아니라 즐거움으로, 자발적으로 함께 모였다. 그곳에 노래가 있었다. 기성세대의 우려나 염려와 달리 애국심과 질서의식이 넘쳤다. 놀이를 축제로 함께 즐길 수 있음을 보여주었다.

1987년 6월, 온 나라가 끓고 있었다. 대학생들이 중심이 되어 전국의 도시들이 연일 출렁거렸다. 가슴속에 불같은 열정과 사명감으로 그들은 성난 파도처럼 도도히 흐르고, 이름도 대단한 진압

부대들은 최루탄을 쏘고 진압봉을 휘두르며 시위대를 검거해 닭장차에 태우기 바빴다. 그것은 작전이었고 전투였다. 그러기에 튼튼하고 빠른 젊은이들, 생계의 책임에서 한발 물러나 있는 대학생들에게 어울렸다. 싸움이 길어지며 넥타이 부대와 일반인이 참여하고 국민 대다수가 시위대에 동조해, 6·29 선언으로 시위대가 승리했다. 그렇지만 인적 물적 피해가 적지 않았을 게다. 대학의 수업 결손이 크고 많은 전과자들이 생겨났을 것이다. 그것은 고스란히 우리 사회에 지속적인 영향을 끼쳤으리라.

1972년에는 시월유신이 있었다. 비상계엄이 선포되고 국회가 해산되었다. 지식인들과 대학생들은 근본 의도를 알았겠지만 극소수를 제외하고는 자신의 뜻을 나타낼 수 없었다. 분위기는 험악해지고 나라 전체가 하나의 거대한 군대였다. 몇 년 전부터 고등학교와 대학에 교련이 도입되고 이름도 거창한 학도호국단이 생겨 군인들이 들어왔다. 군을 제대한 이들은 향토예비군이 되어 정기적 훈련을 받아야 했다. 대규모 시위를 펼치려 해도 가능하지 않은 시대였다. 독재적인 지도자가 마음대로 하던 우리 역사의 혹한기였다. 그 시대의 지도자가 탄핵당한 대통령의 아버지임을 모르는 이는 없다.

죽음을 각오하지 않고는 자신의 뜻을 드러내지 못하고 진실을 감춰야 하던 서슬 퍼렇던 때로부터 45년이 지났다. 신체의 안위를 걱정하지 않고 가족들이 유모차를 끌고 참여하고, 노래를 부르며 문화행사를 했단다. 자신들의 의견을 거리낌 없이 드러내고, 평화적으로 공동의 문제를 해결한다는 것은 얼마나 대단한 발전인가. 마치 한 걸음도 떼지 못하던 아이가 노련한 지혜를 보여주는 성숙한 어른으로 자라난 듯하지 않은가.

대통령 탄핵 후 며칠이 지나니 이제 완연한 봄이다. 어쩌다 꽃샘추위가 한두 번 있을지 모르나 다시 겨울로 가는 일은 없을 게다. 한낮으로는 햇볕이 따사로워 옷차림이 만만치 않다. 추운 겨울을 보낸 이들에게 봄은 더 축복처럼 여겨지고 돋아나는 새싹과 꽃들은 한층 아름답게 느껴지리라.

2000년, 오십도 되지 않은 나이에 정치에 입문해, 얼마 지나지 않아 당대표가 되어, 선거마다 연전연승하는 선거의 여왕으로 불렸다. 첫 번째 후보경선에서 패배를 깨끗이 인정하고, 두 번의 도전 만에 대통령이 된 대단한 여인이 박대통령이다. 누구도 그녀를 보통사람이라고 말할 수 없다. 그녀가 살아온 치열한 삶에 견주면 나는 얼마나 비루한 삶을 살아왔는가. 크게 세상에 지탄받을 일을 하지 않는 한, 나를 밀어낼 이는 없으리라. 스스로 목표를 세우고 자신을 독려할 일이다.

찾아온 봄과 함께 기지개를 켜고 새 각오로 새롭게 살아보아야지….

생활의 창문을 열고

베르디의 오페라 〈리골레토〉를 보았다. 청주를 중심으로 활동하는 오페라단으로 보이는 "라 포르짜"의 공연이다. 예상보다 많은 이들이 공연을 즐기고 있었다. 생활과 직접 관련이 없는 음악회나 전람회, 오페라 같은 것을 향유하는 심리는 무엇일까. 베르디가 19세기를 살다 간 이탈리아 작곡가이고 리골레토가 1851년에 처음 공연되었다고 하니 대략 우리 역사로는 헌종을 이어 철종이 왕이 되고 세도정치로 나라가 어지러워 대원군이 등장하고 동학이 생겨나는 때쯤이다.

이탈리아뿐 아니라 유럽의 어떤 나라도 오페라 같은 수준의 문화를 일차적인 생존의 문제를 해결하기 힘겨운 서민들이 누리지는 못했을 것이다. 어느 도시나 마을이든 지역의 힘 있는 상류층 생활의 일부분이며 관심사였을 게다. 이런 문화행사가 열리면 그

지역의 유력한 인사들이 모여 교류하고 정보를 교환했으리라. 남들이 다 아는 것을 모르면 민망하고 그것을 안다고 해서 인정받기는 어려웠을 게다. 서로 뒤지지 않기 위해 자신들의 명예와 자녀들의 혼사와 앞날을 위해서라도 부지런히 참여하지 않았을까.

오페라의 내용은 만토바라는 바람기 많은 공작과 그 수하의 어릿광대 리골레토, 그리고 리골레토의 예쁜 딸 질다가 중심이다. 공작 만토바는 백작의 부인에게 수작을 걸고 수치를 느낀 백작을 리골레토가 조롱한다. 백작은 당신도 아버지의 노여움을 알 때가 있을 것이라고 하는데 그것이 예언 혹은 저주처럼 리골레토에게 실현된다.

만토바 공작은 질다에게 눈독을 들이고 학생으로 위장한 공작을 질다도 좋아한다. 공작은 질다를 납치하고 공작의 음모를 알게 된 리골레토는 살인청부업자에게 공작을 죽여 달라고 요청한다. 하지만 청부업자의 여동생이 공작을 사랑하게 되어 죽이지 말 것을 간청하고 그들은 자기 집에 처음으로 찾아오는 이를 죽이기로 한다. 그 집을 방문한 질다가 죽임을 당하고 리골레토는 희생자가 공작이라 생각하고 뜻을 이루었다 여기나 그 순간 공작의 노랫소리가 들려온다. 의혹에 차서 시신을 확인하니 사랑하는 딸이었다는 비극적 이야기다.

오페라에 있어서 내용의 비중은 얼마나 되었을까. 무대에 오르는 이들의 노래솜씨를 드러내기 위한 수단은 아니었을까 싶다. 내용이 심오하다든가 새롭거나 감동적이기는 어려웠을 게다. 배우 중 누가 연기가 좋았다느니 노래가 훌륭했다는 평가가 주를 이루었을 게다.

오늘의 사람들은 왜 오페라를 즐길까. 극의 내용에 큰 관심이 있거나 감동을 받기를 기대하지는 않을 것이다. 또한 자주 대하지도 않는 배우들의 실력이 얼마나 늘었는지 대단한지를 보고자함도 아닐 게다. 자신의 일에 쫓기고 세류에 휩쓸리듯 흘러가는 삶에서 잠깐이라도 멈춰 서서 한숨 돌리고 자신을 돌아보는 틈을 얻기를 원하리라. 마치 일상에서 잠시 벗어나 즐기는 휴가나 여행과 크게 다르지 않을 것 같다.

막간에 휴식시간이 있었다. 내가 어디에서 무엇을 하고 있는가. 잘 알지도 못하는 외국어의 노래를 들으며 동시에 눈으로는 자막을 보며 무엇을 얻으려 하는가. 우리 것인 마당놀이나 판소리 공연은 한 번도 관람하지 않았다는 걸 알았다. 차라리 그런 것들은 노래가사를 이해하기 위해 애쓸 것도 없고 자막을 볼 필요가 없고 정서가 익숙하니 감정변화를 얼마나 쉽게 따라가고 공감할까하고 생각했다.

나이가 들면 자기 것이 더 좋아진다는데 나도 나이가 들어가는가 보다. 잘사는 나라가 아니라 국민들의 문화수준이 높아야 선진국이라는데 우리 것, 내 것을 깊고 넓게 이해하는 것이 중요할 것이다. 오늘의 세계가 더욱 좁아져가고 있으니 네 것 내 것을 구별하는 게 쉽지 않고 무슨 의미가 있겠나 싶기도 하다. 그렇지만 내 것이 아니면 세계적인 경쟁력을 가질 수 없고 자랑스레 내놓기도 어렵다. 남의 것을 흉내 내는 것이 아닌 내 것이 힘이 있고 감정이 살아있고 강한 설득력이 생긴다.

우리가 남의 뒤를 따라가는 일이 끝이 보인다. 여러 분야에서 앞선 이들을 웬만큼 따라잡았다. 더 이상 다른 이들의 뒷모습만 보고 갈 수는 없다. 단순했던 때는 지나갔다. 스스로 목표를 정하고 방향을 고르고 방법을 찾아야 하는 게 우리의 할 일이다. 창의적인 사고를 위해 머리를 비우고 틈을 내 주변을 돌아보고 지난날들과 앞날을 살펴야 한다. 여유가 있어서가 아니라 여유를 만들기 위해 내 갈 길을 정하기 위해 멈춰 서는 일이 미술관과 박물관을 찾는 것이고 전시회와 영화를 보는 것일 게다.

내 생각에 몰입해 있다 보니 등장인물들이 무대에 나와 인사를 한다. 힘찬 박수들이 이어지고 무대와 객석에 안도감과 만족감이 감돈다. 자리를 메웠던 이들이 분주히 일어나 밖으로 향한다. 내 생활에 시원한 바람이 들어온 저녁이다.

돌아오는 길에 마음속으로 더듬어본다. 내 삶이 지금 어디쯤 도달해 있는 것일까. 가려는 궁극적 목적지는 어디인가. 방향도 모르고 세류에 휩쓸려 달려가고 있는 건 아닌가.

목적지와도 세류와도 무관하게 현재의 장소에 머물러 나태함에 길들어 있지는 않는가. 바로 답이 찾을 수 있는 문제는 아닌 듯하다. 한동안 이 질문에 답을 찾기 위해 몸에 힘을 빼고 머리를 비우고 생각을 모아 보아야겠다. 한줄기 찬바람이 얼굴을 훑고 지나간다.

Ⅳ. 기대하다

성 베드로 대성당을 보고

바티칸 박물관을 관람하고 성 베드로 대성당을 보러 갔다. 박물관의 담을 따라 조금 걸으니 규모가 만만치 않은 기둥이 줄지어 서 있고 그 사이로 널따란 광장과 우뚝 솟은 오벨리스크, 길게 이어진 관광객들의 줄이 그곳이 베드로 대성당임을 확인시켜 준다. 로마를 비롯한 유럽국들은 조각을 무척 좋아하는가 보다. 웬만한 건물에는 으레 조각상이 자리하고 있다. 세계를 품는 모양을 형상화했다는 열주회랑(列柱回廊) 위로 많은 조각들이 있다. 이제는 익숙해져 버린 소지품검사, 그래도 기분이 좋지는 않다.

이 베드로 대성당의 재건축 기금 마련을 빌미로 해서 종교개혁의 도화선이 된 면죄부를 판매했다. 종교계뿐 아니라 세계사의 격랑을 일으키면서 100년이 넘는 세월 동안 건축된 거대한 성당. 초대교회의 지도자이자 초대교황이라고 추앙되는 베드로의 시신이 안치된 곳에 세워진 가톨릭의 총본산. 교황이 미사를 집전하는 곳으로 세계 천주교신자의 마음의 고향. 바티칸 박물관과 베드로 성당을 둘러보는 내 마음은 그러나 편하지가 않다.

이 넉넉함과 화려함, 그것들이 상징하는 힘의 근원이 어디에 있는가를 생각한다. 초대교황이라고 받드는 베드로의 삶이 어떠했나, 그의 최후가 보여주는 것은 무엇인가. 그가 제자라고 하면 스승인 그리스도, 온 교회의 머리이신 그분의 삶이 보여주는 것은 무엇이었나. 인류가 다 아는 대로 이 땅에 오신 하나님이었지만 삶은 소박함을 너머 초라했다. 이 땅에 단 한 쪽의 글도 남기지 않고 그분의 뼈 한 조각 찾을 수 없다. 비천한 곳 말구유에 오셔서 머리 둘 곳 없이 살다가 무덤마저 남의 것 잠깐 쓰신 후 하늘로 가셨다. 대제사장 바리새인들보다 가난하고 병든 이들 편드시고 사람들에게 이 땅이 아닌 하늘에 보화를 쌓아두라 하셨다.

그분의 삶과 비교해 보면 뭔가 아귀가 잘 맞지 않는다. 웅장하고 견고하게, 넓고도 높이 그리고 많이 쌓아올린다. 자꾸만 힘을 비축하니 추종자들이 모이고 경쟁자들이 나타나고, 세속의 힘이 이용하거나 누르려 한다. 세계의 역사와 교회사가 명징하게 보여주는 것이 그것이다. 권력과 재산이 많아지면 다툼과 부패로 혼탁해지는 것이 자연의 이치다. 먹이가 풍부한 곳에는 온갖 힘 있는 존재가 모여들어 피를 부르는 싸움이 그치지 않는다.

그분은 오히려 가난하게 소수로 약함을 가지고 섬기며 살라고 하셨다. 하지만 인간의 욕망과 세상의 잣대가 그러한 삶을 언제나 힘겹게 만든다. 말씀과 가르침을 따라 평정과 고요를 유지하다가도 세상과 부딪히면 감정이 출렁이고 균형을 잃기 쉽다.

성당내부에 들어가 느끼는 것은 무언가 굉장히 많다는 것이다. 그림 조각 성물들이 차고 넘친다. 관람객까지 많아서 분요(紛擾)함을 면할 수 없다. 이곳에서 신앙생활을 하는 이들이 안 됐다는 마음이 든다. 다른 이들의 눈을 의식하지 않고 하나님과 고요함 가운데 이루고 싶은 일들도 적지 않을 텐데, 그런 일들이 가능할지 안쓰럽다.

피에타상이 보인다. 예수님의 어머니 마리아, 그분이 겪어야 했을 고통의 깊이를 헤아리기 어렵다. 내가 부딪히는 어떤 일이, 오늘을 사는 이들이 겪는 그 무엇이 그 여인의 고통을 넘는다고 할 수 있으랴. 그리스도인이라 해서 고통이 피해갈 리는 없다. 사실은 깊은 신앙과 예민한 양심으로 더 많은 고통을 당한다. 그 고통을 자신이 받아들이고 믿음으로 승화시켜 놀라운 은혜를 체험하며 살아가는 것이 신앙의 삶이다.

성당의 돔에 설치된 전망대에 올라 베드로 광장과 로마의 전경을 보자고 한다. 오늘 돌아본 일정과 내일의 여정을 감안하면 올라가지 않는 것이 현명할 것 같다. 평생에 한 번의 기회라 하지만 그런 논리라면 꼭 해야 하는 일들이 부지기수(不知其數)다. 마음을 바꾸어서 안 본다한들 '무슨 큰일이 일어나나'라고 생각하는 것이

나을 듯하다. 높은 곳에 올라가 보는 것 자체가 내 분수에 어울리지 않는 것이다. 낮아지겠다고 생각하면서 꼭대기에 올라 내려다 보려 한다. 눈높이를 낮출 일이다. 그분은 보리떡과 물고기가 전부였던 한 아이의 도시락을 귀히 쓰시고 과부의 동전 두 닢을 칭찬하셨다. 크고 많은 것에 마음을 빼앗길 것이 아니라 작고 적은 것에 늘 마음을 두어야 하지 않을까.

넓고 많고 커다란 것에도 좋은 점이 수없이 많다. 힘이 한곳에 모아져 이룰 수 있는 일들도 적지 않다. 역사에서 위대한 일들이 행해지는 방식들을 보면 분명히 알 수 있다. 그래도 그분의 방법은 그것이 아닌 듯하다. 당시의 로마를 하늘군사들을 동원하여 총칼로 정복하고 유대나라를 회복하지 않으시고 도리어 십자가에 달려 수치스럽게 죽임을 당하므로 부활에 이르셨다. 중세에 여러 번에 걸친 십자군 전쟁은 그리스도인들과 세상의 방식이 같지 않음을 여실하게 보여주는 역사적 사건이다.

환하게 불이 들어온 베드로 대성당을 떠나면서 오늘의 신자들이 이곳을 돌아보며 마음에 새겨야 할 것이 무엇인가를 생각한다. 회화와 조각의 빼어남과 화려함, 건물의 웅장함과 견고함, 그것들을 자신의 눈으로 확인했다는 자부심이 아닌, 작고 낮은 곳으로 향하려는 그분을 닮는 마음이 아닐까.

여신 아프로디테

미의 여신 아프로디테는 '거품으로부터'라는 의미란다. 미(美)라는 것이 거품처럼 헛되다는 것일까. '수포(水泡)로 돌아갔다', '물거품이 되었다'는 말에서 보듯이 헛것이라는 말 아닌가. 크로노스가 우라노스의 생식기를 잘라 바다에 던졌더니 바다 거품에서 생겨나 조개껍질 위에 떠올랐다는 아름다운 여신이다. 그녀가 나타나니 신의 세계에서 서로 아내로 삼으려고 눈독을 들이자 제우스는 가장 못생긴 대장간의 신 헤파이스토스의 아내가 되게 한다.

아름다운 이를 아내로 맞아 살아가는 이들은 평범한 삶을 살지 못한다. 헤파이스토스도 그랬다. 미모를 유혹하는 이들도 많고 자신의 바람기를 자제하기 어려워 아프로디테는 여러 신들과 숱한 염문을 뿌린다. 그 중에 남성다운 전쟁의 신, 아레스가 있다. 아프로디테의 아들이 분명한 에로스는 그 아버지가 헤르메스라는 설도 있고 아레스라는 말도 있다. 어쩌면 아레스의 아들이어서 사랑이 그렇게 격정적이고 물불을 가리지 않는 것은 아닐까. 에로스도 어머니 아프로디테처럼 남의 마음에 충동을 일으킨다. 태양신 아폴론에게 금빛 화살을 쏘아 다프네를 스토킹하게 하고 다프네에게는 납 화살을 쏘아 아폴론의 구애를 거절하게 한다. 그 일로 다프네는 월계수가 되고 아폴론은 마음에 상처를 입는다. 아름다운 여인에게 시샘이 난 어머니의 심부름으로 프시케에게 고통을 주려던 에로스는 실수로 금 화살에 자신이 찔려 프시케를 사랑하게 되고 언니들의 부추김을 받은 프시케의 의심으로 그들의 사랑은 종말을 맞는다. 갖은 고생을 통과하고 프시케는 아프로디테의 며느리가 된다. 의심이 있어서야 서로의 사랑이 지속될 수 있나. 그 사랑을 다시 찾기 위해서는 몇 배 더 고통스런 노력이 필요하다. 이 에로스도 신이니 죽지 않아 지금도 돌아다니며 금빛 납빛 화살을 쏘아대고 있을 게다. 그 화살에 맞지 않으려고 조심을 해야 하나, 조심한다고 에로스의 장난기를 피할 수 있을까.

아프로디테는 신이니 늙지 않는다. 그러니 큰일이고 무척이나 심각하다. 테티스와 펠레우스의 결혼식에 초대받지 못한 불화의 여신 에리스가 나타나 가장 아름다운 여신이 가지라며 황금 사과 하나를 놓고 간다. 예쁘다면 자신이라고 생각하는 세 여신이 자기 것이라 우기다 제우스에게 갔다. 누구 편을 들기도 난처해져 제우스는 목동 파리스에게 떠넘긴다. 순진한 청년 파리스는 그들의 미모뿐 아니라 자신에게 베푸는 선물에도 자유롭지 못했다. 제우스의 아내 헤라는 권세를, 전쟁의 신 아테나는 전쟁의 승리를 약속하고, 아프로디테는 그녀답게 가장 예쁜 여인을 아내로 주겠다고 내건다. 삶의 경험과 지혜가 부족했나, 아니면 너무도 맑고 순수했나. 파리스는 아프로디테에게 사과를 주었고 그 약속은 유효해서 그리스 제일의 미녀 헬레네를 아내로 맞는다. 그 과정이 밋밋하고 순탄해서야 무슨 흥미가 있나. 헬레네는 스파르타의 공주로 구혼자가 구름같이 몰려들고 결국 메넬라오스가 선택을 받는다. 아버지인 왕의 아들들이 모두 죽어 사위 메넬라오스는 왕, 헬레네는 왕비가 되었다. 그때, 트로이의 왕자 파리스가 죄를 짓고 스파르타로 도피해온다. 아프로디테는 파리스와의 약속을 지키기 위해 둘 사이에 사랑의 불길을 일으켜 트로이로 도피시킨다. 헬레네를 빼앗긴 메넬라오스는 그리스 전체의 수치라 하며 그리스 전역의 군사들을 모아 아가멤논을 총사령관으로 트로이와 전쟁을 벌인다. 고대의 유명한 트로이전쟁이다. 10년을 끈 전쟁은 오디세우스의 지략으로 목마작전에 의해 트로이가 승리한다. 아프로디테와 헬레네가 원인이 되어 10년 동안 수많은 영웅들이 죽어간 싸움, 아름다움과 애욕의 결과가 너무 엄청나다.

아프로디테가 늘 심술궂고 문제를 일으키는 것은 아니다. 그녀 자신도 실수로 에로스의 화살에 찔려 아도니스를 사랑했으나 자신의 또 다른 연인 아레스에 의해 아도니스가 멧돼지에게 죽임을 당한다. 그러니 그녀 자신도 마음에 아픈 상처를 갖게 되었다. 아레스와 애정행각을 펼치는 도중에 남편 헤파이스토스가 짜놓은 그물에 걸려 현장이 신들에게 공개되는 수치를 겪기도 했다. 이런 요란하고 복잡한 행태에도 남신들은 그녀를 미워하지 않고 연모했다.

아프로디테가 사랑에 굶주린 청년을 도와준 일도 있다. 키프로스에 살던 피그말리온이라는 청년 조각가는 여성들을 혐오했다. 오직 자신이 이상으로 여기는 여인을 상아로 조각해 연인처럼 대하며 사랑을 쏟아 붓고 살았다. 조각 여인을 향한 사랑이 지극하여 아프로디테 신전에 찾아가 조각여인을 사람이 되게 해달라고 빌었다. 아프로디테 여신은 그 기도를 들어주어 그들을 부부가 되게 하고 자녀도 낳게 했다.

조각을 인간이 되게 한 여신 아프로디테를 조각한 이들이 많았나 보다. 그 조각 중 하나를 밀로라는 섬에서 어느 농부가 발견하였고, 지금은 〈루브르박물관〉으로 옮겨져 전시되고 있다. 그녀는 아름다운 여인의 모습으로 날마다 수많은 사람들을 만난다. 1820년에 땅속에서 발견되었는데 기원전 150년경 제작된 것으로 추정하니 근 2000년을 땅속에서 지낸 셈이다. 이제는 상반신을 벌거벗고 양팔은 잘린 채로 쉬지도 못하고 손님들을 맞고 있다. 어쩌면 평소의 그녀처럼 많은 이들 속에서 관심을 끄는 걸 즐기고 있는지도 모르겠다. 사실은 그 조각상은 아프로디테의 겉모습을 조각했을 뿐이다. 지금도 그녀는 여신의 신분으로 세계화 물결을 타고 지구 곳곳을 누비며 사랑을 만들고, 즐거움을 뿌리며 다니고 있을 게다. 오늘도 우리 주변에서….

소나기를 그리며

장마철이라지만 비는 시원스레 오지 않고 날씨만 후텁지근하다. 구름마저 부옇게 끼었으니 한줄기 비라도 뿌려주면 좋겠다. 갑자기 후두둑 내리다 언제였느냐 싶게 멈추는 게 소나기다. 반항기가 넘치는 십 대엔 그 비를 쫄딱 맞고 걷곤 했다. 하늘이 번해지고 길들은 곧 말라도 개울엔 물이 불곤 했었다. 여름에만 소나기가 내릴까, 돌아보니 봄과 가을에도 갑작스런 비들은 쏟아지고 겨울에는 눈이 되어 내린다. 언제든지 그들은 이 땅에 쏟아져 여러 사건들을 만든다.

갑자기 쏟아지는 비만 소나기라 부를 수 있을까. 좋은 일, 나쁜 일 가리지 않고 돌연 들이닥쳐 어렵게 만드는 것들은 다 그렇게 일컬을 수 있을 게다. 인생에 찾아드는 예측하기 어려운 불가항력 중 하나를 사랑이라 한다면 그것도 소나기처럼 어느 순간 갑자기들이치는 게 아닐까. 어떤 심리학자는 그런 사랑은 참사랑이 아니라면서 그것은 오직 이성에게만 일어나고 짧은 기간 일어나는 황홀한 착각이라고 했다. 그들로 결혼에 이르게 하여 종족을 보존하려는 신이 부여하는 심리적 몰아현상이라 하겠다.

다른 이들에게는 객관적으로 제대로 보이는 것이 그들에게만 무지개 색으로 찬란하게 덧칠되어 보이는 게다. 그는 이런 사랑이 스스로의 의지로 선택하는 게 아니라 갑자기 다가온다고 했다. 흔히 하는 말로 눈에 콩깍지가 덮여 모든 것이 좋게만 보이고 상대와 함께라면 못할 게 없고 세상을 다 얻은 것 같은 기분을 느끼는 거다. 문제는 이 상태가 오래 지속되지 않는 데 있다. 어느 순간 신비한 구름이 사라지고 콩깍지가 벗겨지면 이제는 모든 것이 굴절되어 시시하게 보인다.

언제였느냐는 듯, 하늘이 훤해지고 다시 후덥지근함이 이어지는 밋밋한 날들이 지속되면 사랑과 환상으로 몸과 마음이 달아올라 비처럼 쏟아져 냇물처럼 차오르던 그 시절이 아련히 그리워진다. 퍼붓는 비를 피해 처마에 머물다 젖은 옷 말리려 들어간 곳에서 하룻밤 달콤함으로 소화(素花)를 세상에 내어놓고 그 소화가 다시 아들 하섭과 사랑에 빠지는 운명의 굴레 같은 시작도 쏟아진 빗줄기가 원인이었다.

마을의 양반이었던 하섭의 부친은 그 사실을 끝까지 감추었을지 모른다. 하지만 때로 그 순간을 부지중에 떠올리고 되돌아가고 싫지 않았을까. 사랑도 용기가 필요한 듯하다. 남몰래 마음을 키우고 그리워하다가도 막상 상대가 좋은 감정을 품고 다가오면, 많은 가능성이 닫히고 묵직하게 다가오는 현실의 책임감으로 뒤로 물러서던 일이 여러 번이었다. 강한 힘으로 밀려오는 거센 감정의 소낙비는 도덕의 두꺼운 껍질로 막아내곤 했었다.

어느덧 많은 세월이 지났다. 십 대와 이십 대에 이루지 못한 과업이 아직 내 잠재의식에 남아있지는 않으려나. 소나기가 여름에만 쏟아지는 게 아니라 언제나 몰아칠 수 있다는 걸 잊으면 안 되지. 현실에서 이루지 못하는 욕망을 꿈과 예술로 쏟아낸단다. 그 통로를 거치며 욕구가 충족되고 사회는 혼란에 빠지지 않는다. 그러기에 문학과 영화는 일상의 탈출과 일탈을 그토록 부추기고 딴 세상을 보여준다. 그 끝은 예술적 맺음이 되고 사람들의 기억 속엔 환상으로 남는다.

감정의 소나기가 몰아칠 기회를 우리 사회는 점차 많이 만들고 자신의 감정에 충실하라는 전언을 쏟아낸다. 어쩌라는 것인가. 그 거친 물살에서 갈등하는 이들을 잡아주는 것이 믿음이요 신앙이다. 생각해보면 일부일처제는 자연스럽지 못하고 자연계의 흐름에 맞지 않는 것 같다. 이 지구상의 생태계에 이런 모습을 보이는 생물들이 얼마나 있으려나. 아마도 이 제도가 확립되기에는 여러 종교적인 노력과 숱한 희생이 밑거름이 되었을 게다. 서구의 흐름, 가까이는 우리의 높은 이혼율이 이를 보여주는 것인지 모른다.

고대로 갈수록 가뭄이 들면 기우제(祈雨祭)를 지내곤 했다. 임금을 비롯한 그 옛날 무속의 사제들은 가뭄이 심할수록 지극한 정성을 들였다. 그 제사 끝엔 비가 내렸다. 비가 올 때까지 제사를 며칠이고 연달아 드린 것일 게다. 문학과 예술 속에서 비는 더 자주 내리고 오늘의 젊은이들은 화면과 문학에서 현실을 굳이 분리해내려 하지 않는다. 결과만을 원하는 듯, 과정을 참고 겪어내기를 힘겨워한다. 앞뒤를 모두 잘라내 원하는 부분만 찾고, 기다리기보다 달콤한 순간만 누리고 싶어 한다.

한줄기 소낙비가 쏟아지면 개울물이 늘어나고 냇가에 너부러졌던 온갖 것들이 탁류에 쓸려 내려간다. 내 마음과 주변에 붙어있던 끈적한 것들과 종류를 알 수 없는 많은 욕망들을 함께 쓸어갔으면 좋겠다. 내 어릴 적 보았던 장독대 무너지고 간장독이 쓸려가던 풍경들, 어디서 왔는지 지대 높은 우리 집 마당에서 꿈틀거리던 손가락만한 물고기 몇 마리, 겉흙이 씻겨나가고 모습을 드러냈던 붉은 진흙들, 빗방울에 흔들리며 밤새 시달리다 아침햇살에 아기 손 같은 맑은 잎들을 보여주던 나팔꽃들이 추억 속에 그립다.

고개 들면 잿빛구름이 가득한 하늘 아래로 옛 토기의 빗살무늬처럼 쏟아지는 빗줄기, 그 속을 함씬 젖은 생쥐처럼 터벅터벅 걸어오는 내가 보인다. 맞은편엔 걱정스런 표정으로 어디 비 피할 곳이 그리도 없더냐는 어머니의 책망과 사랑의 목소리가 들린다. 아무 말도 못하고 절벅이는 운동화를 벗고 젖은 옷을 벗어던지는 십 대의 철없는 소년이 서 있다.

왁자지껄 비 맞으며 함께 학교 문을 나서던 그 시절 친구들은 다 어디로 갔을까. 흐리고 답답한 날씨에 한줄기 소나기가 그립고 그립다.

어머니와 아들

소리꾼 장사익이 <꽃구경>을 노래하는 걸 보았다. 선한 듯, 이웃집 할아버지 같은 인상에 우리 민족의 한을 탁성으로 내지르고 있었다. 마흔다섯에 대중가수로 나선 사람, 그동안 열댓 가지 직업을 가져봤지만 만족하지 못하다가 노래를 천직으로 삼고 가장 한국적인 소리꾼으로 불리는 그다. 그의 삶을 다룬 기사를 본 적이 있다. 어려서부터 노래와 국악기를 놓아본 적이 없는 모양이다. 사물놀이패와 함께 하며 뒤풀이에서 그의 솜씨를 드러냈다 한다. 피아니스트 임동창의 권유로 소극장 콘서트를 했는데 반응이 뜨거웠던가 보다. 1949년생이니 칠십이 넘었지만 소리에 쨍쨍함이 느껴졌다.

꽃이 온 천지에 지천으로 핀 봄날에 어머니께 꽃구경을 가자고 해 아들은 어머니를 등에 업고 산으로, 산으로 들어간다. 산이 깊어지자 순간 아들의 의도를 알아챈 어머니가 넋을 잃었다가 정신을 차리고는 솔잎을 훑어 길에 뿌린다는 게 노랫말이다. 이른바 '고려장(高麗葬)', 그런 풍습이 실재했었느냐는 논외다. 그걸 소재로 이 땅 어머니들의 심정을 노래로 표출했다. 자신의 운명적 최후를 코앞에 두고도 아들이 돌아갈 길을 염려하는 게 한국의 어머니들이다.

우리 민족 정서에 있어 어머니와 아들은 각별하다. 결혼한 여인의 의무라고까지 강조했던 대 이을 아들의 무게는 다른 것으로 바꿀 수 없었다. 부부 중 누구에게 더 많은 책임이 있는지 가리기조차 어려운 아들 출산의 책임은 온전히 어머니의 몫이었다. 아이의 한평생이 어찌될지도 모르는데 아들과 딸이 무에 그리 커다란 차이가 날까. 단지 딸이라는 이유로 당했을 차별과 무시, 아들이기 때문에 누렸을 우대와 특권이 당시 그들의 가족관계를 얼마나 비합리적으로 왜곡시켰을까.

노랫말의 아들은 나이는 꽤 먹었지만 철이 없는 외아들 같다. 어쩔 수 없는 사정이 있는지 모르지만 자신의 노모를 생으로 죽게 한다는 게 어디 쉬운 일인가. 자녀는 부모의 심정을 제대로 이해하지 못한다. 인간이 다 그런 것 아닐까. 자신의 이해단계를 넘어 헤아릴 수 없고 그런 처지가 되어보지 않고는 모른다. 나이 들어 자녀들을 두고 스스로 겪어보아야 부모 심정이 어떠했을까 짐작하고 울컥한 마음이 든다. 마치 스무 해가 지나서 팔십 대가 되면 지금의 신체기능에 20이라는 숫자만 더해져 살아가리라는 생각과 다르지 않을 게다.

어머니의 한없는 사랑을 당연하다는 듯 누리고 있는 아들에 비해 어머니는 늙어도 아들에 대한 헌신에서 벗어나지 못한다. 생래적인 갚을 수 없는 빚을 지고 있는 존재 같다. 아이는 배 터져 죽고 어미는 배곯아 죽는다는 옛말이 떠오른다. 이 땅을 살다간 어머니들의 고생과 노동량은 가히 초인적이다. 집안일은 기본이고 들일이 더해지는 건 상식이었다. 부실한 입성에 드는 수고로움은 얼마나 컸던가. 빨고 말리고 깁고 풀 먹이고 다리고 간수하는 게 모두 여인의 몫이었고 옷을 만들어내는 일도 손이 많이 가기는 덜하지 않았다. 심고 가꾸고 거두어 실을 잣고 천으로 만드는 공정이 모두 여인들의 삶이었다. 이 일 외에도 손님 접대와 밤일까지 어느 하나 벗어날 수 없었으니 대단하다는 말밖에 할 수가 없다.

시가에 더해진 막대한 노동력이요 자녀들을 향한 무한 헌신이 여인에게 당연히 요구되던 시대였다. 그 시대 여인들의 처지를 보여주는 말이 삼종지도(三從之道)가 아닌가 한다. 어려서는 부친을, 젊어서는 지아비를, 늙어서는 아들을 따라 사는 게 여인의 삶이라는 게다. 그 모든 것에 더하여 경제적인 곤궁을 벗어나기도 쉽지 않았을 게다. 신분의 차이가 있긴 했겠지만 끼니걱정에서 자유로운 이들이 얼마나 되었을까.

삼십여 년 전 돌아가신 겨우 한 세대를 거슬러 올라가는 내 어머니의 삶이 그려져 측은한 마음을 금할 수 없다. 안정된 것은 아무것도 없이 하루하루를 연명하며 살아야 하는 막막함, 난방이나 먹을거리, 입성 어느 것 하나 변변치 못했을 추웠던 겨울이 지워지지 않는다. 그 어려움 잊지 못해 12월이 다가오면 전화 한 번에 배달해 줄 연탄 삼백 장과 쌀 한 가마와 김장을 그토록 걱정하고 재촉하셨을까.

노랫말 속에 어머니가 깊어지는 산길에서 퍼뜩 꽃구경의 의미를 알아차린다. 아뜩하다. 아, 내가 이제 버려지는구나, 산속에서 맹수의 밥이 되거나 밤 추위에 얼고 굶주려 죽을 수밖에 없다는 현실에 이르자 말을 잃고 정신이 가물가물하다. 이 피할 수 없는 운명으로 데려가는 아들, 그래도 귀하고 귀한 자신의 분신인 아들을 생각하니 귀로가 염려스러워 솔잎을 훑어 길에 뿌릴 수밖에 없다. 마지막 순간까지 모성애를 버릴 수 없는 우리의 어머니다.

세월 지나 이 아들이 어머니의 나이가 되면 어느 순간 자신이 한 일이 떠오르고 어머니의 운명과 서글픔이 마음에 사무치게 살아나리라. 스스로 한 일이 뉘우침과 서러움으로 느껴지면 한으로 마음에 자리 잡을 게다. 한스런 어머니와 아들, 한과 함께 자란 딸들이 다시 어머니가 되어 질곡의 삶을 되풀이하니 한 많은 민족이 되지 않을 수 없었으리라.

그 쌓인 한이 신산한 삶을 살아온 소리꾼 장사익의 거칠고 애달프며 탁한 소리와 하나 된 몸짓으로 표출될 때, 어찌 눈물샘을 건

드리는 울컥함이 없으랴. 한민족의 어머니는 고달픈 이들이 찾아가 안길 커다란 가슴이요 슬픔이며 한이다.

오월 언덕의 거수(巨樹)들

오후 네 시의 햇볕은 나른하다. 서예가의 거리가 시작되는 곳에서 대학교 담을 따라 정문 쪽으로 걷고 있다. 오월도 하순, 가늠키 어려운 날씨다. 반팔에 얇은 점퍼를 걸쳤어도 쌀쌀함이 밀려온다. 며칠 찌푸린 하늘이더니 오늘은 흰 구름만 몇 점 높이 걸린 채 푸르다. 대학과 도로의 경계를 만들며 약하게 진 비탈 위에 선 나무들이 울울창창하다.

거대한 나무와 그 무성한 잎들이 뿜는 기운이 도로를 넘어 내게로 온다. 흔들리는 바람 따라 반짝이는 잎들에 반사된 햇빛이 눈을 찌른다. 올림포스 산을 오르는 언덕이 있다면 저런 나무들이 그 위용을 자랑하며 양옆으로 도열해 있을 것 같다. 날마다 맹렬한 속도로 몸피를 불리고 한층 짙게 푸르러가는 나뭇잎들이 빠르게 넘어가는 도미노 조각들 같다.

두어 달 전만 해도 앙상한 가지에 새잎이 어색하게 돋아나더니 사월을 넘기며 속도를 붙여갔다. 하루만 자고 나면 눈에 띄게 늘어나는 잎들이 연두를 지나 녹색을 거쳐 점점 짙어져 간다. 살아온 날들에서 풀과 나무들이 이처럼 분명하게 엄청난 속도로 산하를 푸르게 물들인 적이 있었나 싶다. 아마 지난해나 또 그전 수년도 큰 차이 없는 속도였을 게다. 별다른 감격 없이 바라보던 산하의 변화가 늘어가는 내 나이와 함께 더 절실하고 민감하게 다가왔을 게다.

자연의 모습이 달라지는 것보다 더 빠르게 변하는 게 삶의 문화다. 옛글에 산천은 의구하되 인걸은 간 곳 없다고 했지만 이곳을 삼사십 년 떠나 있다 찾아온 이들은 그런 말을 전혀 할 수 없으리라. 내 살던 곳이 금천동인데 이제는 십 대를 보낸 그곳의 그 시절 모습을 전혀 찾을 수 없다. 산과 언덕이, 개울과 논밭이 알아볼 수 없이 상전벽해가 되어 있다. 마을의 개천은 복개되어 도로로 바뀌었고 산과 언덕은 흔적도 없이 사라지고 그 땅에 고층아파트가 줄지어 있다. 도시가 확장되자 문명의 물살이 점차 변두리로 밀려가고 있다.

문명의 발전으로 요즘은 작별과 기다림 없는 시대란다. 예전에는 제철에만 먹을 수 있는 과일과 채소가 있었다. 하지만 이제는 언제나 원하는 것들을 얻을 수 있다. 비닐하우스와 냉장고가 있어 일 년 내내 딸기, 수박과 작별하지 않을뿐더러 바나나와 키위도 접할 수 있다. 내 어렸을 적만 해도 집에서 어머니가 만든 국수를 먹는 것이 쉬운 일이 아니었다. 밀가루를 반죽해 치대고, 깔판과 홍두깨를 꺼내어 벌이는 몇 시간의 일이었다. 아궁이에 불을 때고 물을 끓여 삶은 국수가 상에 오르기까지 기다림과 함께 그것이 눈앞에 나타나는 즐거움이 있었다.

삶의 터전이 급격히 변모하고 있다. 우리의 주변 환경이 나날이 사라지고 있는 게다. 내 사는 청주의 중심부에도 고층아파트가 들어서고 서쪽의 넓은 땅에 산업단지가 건설 중이다. 이미 오송과 오창이 고층건물들로 상업과 주택지구의 모습을 갖추었고 청주의 사방으로 대단위 고층아파트와 도로가 모습을 드러내고 있다. 자연의 푸른 지역들이 뭉텅뭉텅 잘려나가는 느낌이다. 수백 년 균형을 잡아왔을 이 땅의 한 부분들이 힘 한 번 써보지 못하고 푸른 피부를 잃고 붉은 속을 드러내는 것이 내 잘못인양 아프고 민망하다.

며칠 전 괴산을 지나 미원을 거쳐 집으로 돌아올 때 바라본 산속과 길가의 나무들이 마치 화폭에 번지는 푸른색 물감처럼 산하를 녹색으로 물들이고 있었다. 인간은 푸른색의 자연을 보면서 순해지고 착해지는 게 아닌가 싶다. 아마도 푸른 풀과 나무는 우리를 향한 신의 최고 선물일 게다. 오월은 산하가 되살아나는 시절이다.

거대한 나무 사이로 그리스 로마신화 속 제우스와 아프로디테라도 모습을 드러낼 것만 같다. 늦은 오후, 따가운 햇살에 은빛비늘처럼 빛나는 나뭇잎과 푸른 하늘을 보며, 감탄어린 눈길로 또 다른 인상파 화가들의 후예가 나타날 것 같다. 나무들은 자신의 학문에 일가를 이룬 오십 대 후반의 학자 같기도 하고 무한한 하늘공간으로 영역을 넓혀가는 이 시대의 사회적 책무를 아는 기업가 같기도 하다.

때아닌 오월의 쌀쌀함에서 본연의 날씨로 돌아섰는지 나는 겉옷을 견디지 못하고 반팔을 드러낸다. 햇살에 눈이 부셔 반쯤 감은 눈에 올림포스 산에서 뛰놀던 철없는 에로스가 보이는 듯하다. 그라면 등에 멘 화살통에서 금빛 화살들을 꺼내 길거리를 지나는 숱한 젊은이들을 향해 천진스레 쏘아대지 않을까. 화살을 맞은 젊은이들은 그 사실도 모른 채 갑자기 달라진 심장의 쿵쿵거림에 의아해하며 달콤한 기대에 부풀어 오를 게다.

언덕 위 거수(巨樹)들은 여전히 헌걸차고 햇살은 뜨거워져 사람들을 나무 아래로 불러 모을 게다. 타는 가슴들은 자신들을 빼닮은 그 옛날의 멋들어진 신들의 이야기로 그들의 세계를 한 번 더 달구리라. 오디세우스는 트로이 전쟁에서 승리를 거두고 숱한 고초를 겪은 후 이타카로 돌아간다. 구혼을 핑계 삼아 행패부리는 무리들을 물리치고 페넬로페 앞에 그 모습을 드러낸다. 늠름한 노장 같은 거대한 나무들이여, 이 거리에, 이 도시에 빛을 뿌려라, 무수한 잎들로 반짝이는 오월 햇살을 되비추라.

세월을 먹고 사는 한국인
- 한국 식문화의 특징

아침식탁에 올라온 음식들을 본다. 밥 한 그릇에 어린배추 된장국, 오징어 젓갈, 김치 한 사발과 고추장, 간장, 두부부침이다. 자주 먹는 음식들이 때에 따라 다르다. 아침에 주로 먹는 게 있고 점심과 저녁이 같지 않은 경우가 많다. 점심은 직장에서 혹은 그 가까운 곳에서 직장 동료들과 함께 하는 때가 많고 저녁은 고기나 인스턴트식품을 대하는 경우도 흔한 것이 오늘을 사는 우리의 모습이다.

우리 민족은 역사적 상황이 빚어낸 시대에 따라 음식 문화가 달라져 왔다. 오랜 농경생활로 그에 따른 먹거리를 발달시켜왔고 기나긴 가난의 시기를 지나며 살아남기 위한 식품들도 개발해 냈다. 긴 겨울에는 먹거리를 얻기가 어려우니 겨울을 나기 위한 대책도 필요했다. 온 가족이 일차적인 생존을 위해 매달려야 했던 시기도 있었다. 전쟁으로 달라진 모습도 볼 수 있고 서양문화의 영향으로 골격과 신장이 커지는 것을 선호해 서양화된 식단도 나타난다.

하지만 우리의 전통적인 식문화의 모습은 어려움의 때를 슬기롭게 넘기기 위해 세월 속에 익혀온 발효문화가 대표적이다. 겨울부터 봄을 지나는 긴 세월과 가난은 가능한 많은 것들을 오래 두고 먹을 수 있는 발효 저장식품으로 발달시켜 왔다. 고기를 장조림하고 채소는 김장을 거쳐 신선하게 유지하려 했다. 어류도 소금에 절이거나 젓갈로 갈무리했다. 웬만한 풀과 나무의 뿌리와 줄기와 잎은 나물로 만들어 저장하고 열매는 발효액으로 담가두었다. 기호식품인 술도 세월과 함께 익어갔다.

농경문화의 특징이 시기를 알아야 하고 많은 손길이 필요하다는 것이다. 그러니 짧은 시간에 많은 이들이 식사할 수 있어야 했고 그것도 적지 않은 융통성이 있어 식사 인원에 맞출 수 있어야 했다. 이런 조건에서 유동식이 발달할 수 있었다. 탕이나 국이 필요했고 그들이 주빈 격이 되었다. 힘을 쓰는 이들의 허기를 메우기 위해 흡수가 빠르고 먹기에 편한 막걸리 같은 새참도 발달하게 되었다.

이 독특한 식문화는 한동안 타 문화권에서 인정받기 어려웠다. 인류의 근세사가 유럽과 미국 중심이다 보니 그들의 것은 앞선 것이고 그들과 다른 것은 문명화되지 못한 낙후한 것으로 여겨지기도 했다. 현대는 물리적 거리가 좁혀져 가는 지구촌의 문화가 되어가고 세계가 하나의 블록처럼 같은 문화와 음식을 즐기는 시대가 되었는가 하면, 한 자리에서 다양한 여러 문물과 문화를 동시에 즐길 수도 있게 되었다. 또한 세계여행이 보편화되고 취미 혹은 자랑거리와 경력으로 여겨지면서 새로움에 대한 욕구가 자극되어 알려지지 않았던 현지음식에 대한 관심이 높아졌다.

아직까지는 우리의 전통음식을 세계화 또는 대세라고 할 수는 없을 것이다. 하지만 분명히 지난 어느 때보다 많이 알려지고 세계인의 미각을 사로잡으며 사랑받아 가고 있는 중이다.

우리 문화의 특징은 금방 눈에 띄거나 자극적이지 않다는 것이다. 별스럽지 않은 것 같으나 어느 정도 세월이 지나면 은은한 그 맛과 멋을 느낄 수 있다. 처음에는 톡 쏘는 콜라 맛에 반할지 모르나 세월이 가면서 은근하고 구수한 숭늉의 맛이 그리워지고 잊을 수 없는 것과 같은 이치라 하겠다.

우리의 음식은 단기간에 공장에서 생산해 내기는 쉽지 않을 게다. 설혹 가능하다해도 그 은근한 참맛이 나기는 어렵다. 고향의 맛, 어머니의 맛이라는 것이 집집마다 조금씩 다른 긴 세월을 견디어 먹거리로 완성되는 세월의 맛에 있을 것이다.

연만하게 나이든 이라면 어느 집에 손님으로 가서 치킨과 맥주와 족발을 대접받고 커피를 마시고 나서 만족할 만한 대우를 받았다고 느끼기는 어려울 것이다. 그 음식들은 충분한 돈만 있으면 누구든지 큰 차이 없이 구할 수 있는, 세월 속에 정성으로 익힌 것이 아니기 때문이다.

곧 한국 식문화의 특징은 세월에 정성을 녹여 먹는 것이라 하겠다.

인정과 존중

나의 집과 연달아 있는 건물을 두 채 지나면 주민센타가 있는데 그 벽에 붙은 약간의 공간이 어느 날 보니 손바닥공원으로 꾸며져 있었다. 손바닥공원은 좁은 땅에 몇 가지 꽃과 나무를 심어서 주민들 정서에도 도움을 주고 자투리땅도 이용하자는 의도 같았다. 오가는 길에 눈길을 주다 보니 원추리를 심은 것을 알았고 최근에는 진한 노란색 바탕에 주황색 꽃이 여러 송이 핀 것을 보았다. 그 꽃을 가꾸는 누군가에게 감사하는 마음과 더불어 자연의 위대함에 감탄을 금할 수 없었다. 그런데 오늘 그곳을 지나다 보니 길가 가장자리 꽃 하나가 꺾여져 있었다. 다가가 보니 누군가 고의로 꽃대의 줄기를 네댓 갈래로 갈라 놔서 줄기가 꽃의 무게를 지탱하지 못하고 늘어져 있었다. 꽃이 불쌍하기도 하고 그런 일을 한 이에게 분노가 느껴지고 안타깝기도 했다. 꽃을 가꾼 이에 대한 인정도, 꽃에 대한 존중도 찾을 수 없음이 슬펐다. 누군가 백여 일가량의 사랑과 정성으로 가꾸고 피워낸 생명의 절정이, 다른 이들은 몰라도 가꾼 이에게는 작은 우주요 큰 기쁨이었을 존재가, 무지한 이의 지각없는 행동으로 한 순간에 무너져 내린 것이다.

관계가 형성되면 그 대상은 다른 것들과 차별화 되어 특별한 의미를 갖는다. '어린왕자'에서는 그것을 '길들인다'라고 했다. 사람들 사이뿐만 아니라 사람과 사물 사이에도 그 이치는 같다. 이 관계에서 우리의 자존감은 분명해지고 서로의 영향력은 커진다. 사람이 감동을 받고 변화하는 것도, 전체 속의 하나가 아니라 자신이 온전한 하나로 존중되고 인정받을 때인 것 같다. 내가 학교생활 중에 감동을 받은 것도 비슷한 경우이다. 지금은 많이 달라졌겠지만 당시만 해도 나는 과제물은 제출하는 것으로 끝인 줄 알았다. 평소처럼 과제물을 받아 대충 작성해서 제출을 했다가, 며칠 후에 잘못된 곳이 붉은색 볼펜으로 교정부호가 표시되기도 하고, 정확한 사항으로 고쳐지기도 한 나의 과제물을 되돌려 받았을 때, 무척 당황스러웠고 부끄러웠다. 반면에 그 세심한 배려에 감동을 느끼기도 했다. 나를 학생이자 한 인격체로 인정하고 존중해 주고 있음을 알 수 있었다. 그 후로는 최소한 제출에만 목적을 두고 전혀 엉터리 과제물을 작성할 수는 없었다.

성경에서도 대부분의 사사들과 선지자들이 일대일로 부름을 받는다. 하나님도 우리들을 일대일로 존중하시고 다루어 주시기를 원하신다. 한번은 예수님이 권력과 재력은 있지만 사람들에게 철저히 외면당하며, 도시 속에서 외딴 섬처럼 살아가는 삭개오라는 인물을, 군중들이 보는 현장에서 그의 이름을 부르고 친구로서 대하며, 모두가 꺼렸을 그의 집으로 가서 머무셨다. 나는 예수께서 그의 이름을 불러주던 바로 그 순간에 삭개오가 감동과 변화를 받았다고 믿고 있다. 당시 최대 화제의 인물이며 존경의 대상이던 이로부터 인정과 존중을 받고는, 자신의 생명과 같았던 재산 중 반을 가난한 이들에게 주고 부당하게 빼앗은 것은 네 배로 갚겠다고 선언한다. 이제는 재산 같은 것은 문제가 안 된다는 선포이다. 온전한 인격적 존재로 존중받고 난 후 사회와의 관계성 회복에 대한 보답이다.

몇 해 전에 첫째 아이가 일본 교환학생으로 갔다 와서 겪은 것을 들려 준 이야기이다. 수강한 과목 중에 자신과 다른 한 명 그렇게 달랑 두 명이 한 학기 수업을 들은 강좌가 있었다고 했다. 그 대학은 상과대학이었다. 한국의 일반적인 대학이라면 가능했을까? 과목 개설의 최소 인원이 안 된다고 폐지되지는 않았을지. 손익계산을 했다면 상과대에서 그 강좌를 개설하지 않았을 것이다. 아이는 그 과목이 가장 좋았다고 했다. 교수 한 분에 학생 둘. 어찌 눈높이 교육이 안 될 수 있고 둘 중 하나가 이해를 못하면 그냥 넘어갈 수 있었으랴. 학생도 어떻게 결석을 하고 과제를 안 하거나 허투루 할 수 있으랴. 학교가 학생의 선택을 인정하고 존중해

준 것이다. 그런 상황에서는 학교에 대한 긍지와 사랑하는 마음이 솟아날 수밖에 없을 것이다. 가르치고 배우는 서로가 평생 잊을 수 없고 내용을 떠나 그 자체가 훌륭한 교육이라고 생각했다.

오늘날 우리 사회에 인정과 존중이 균형을 잃고 있는 듯하다. 자신의 자녀들에게는 지나치게 넘치고, 타인들을 향해서는 과도하게 부족한 것 같다. 자신이 길들인 특별한 관계를 형성한 그 무엇인가를 잃어 보는 상실의 경험도 때로 필요하다. 자신의 세계가 사라지는 듯한, 한동안 손에 일이 안 잡히고 무엇으로도 마음의 허전함이 메꾸어지지 않는 체험을 하게 되면, 다른 이들의 심정도 역지사지로 이해할 수 있을 것이다. 그때에는 생명의 유무를 떠나 자신의 모든 것을 소중히 여기고, 꼭 같이 타인의 것들도 귀하게 여기며, 더욱이 사람의 인격과 감정을 인정하고 존중하리라고 생각한다. 우리 주변의 모든 것들, 흙 한 줌 풀 한 포기도 소중히 다루어지는 사회를 기대해 본다.

산책길의 꽃들

따가워지는 햇살을 받으며 느리게 걷는다. 골목길 우측에 연달아 핀 친숙한 빨간 장미가 자신들의 계절을 즐기고 있다. 며칠 전 세종에 사는 이에게 내 사는 곳을 설명했더니 장미꽃이 멋있는 곳이냐고 되물었다. 길지 않은 거리지만 소담스런 장미꽃들이 꽤나 인상적이었던가 보다. 진홍색 장미가 정염(情炎)을 떠올리게 한다. 언제부턴가 울타리 꽃이 된 장미는 마치 귀한 신분이었다가 서민이 된 느낌이다.

초등학교를 지나 동산 아랫길을 걷자니 산속에 자리한 아까시 꽃향기가 바람에 실려 온다. 그러고 보니 길거리에서 아까시 나무를 보기 어려워진 듯하다. 어린 시절 오뉴월 양관고개를 지날 때에는 달큼한 향기가 무딘 감성을 일깨웠었다. 축 처진 미색 꽃들을 달고 바람에 향기를 보내주니 고맙다. 아카시아로 익숙한 이름, 오히려 그 익숙함이 우리 고유의 꽃이 아님을 알려준다. 우리 땅에 들어온 지 백여 년 세월에, 다른 어느 나무와 꽃보다 토착화 되었다. 내 생각으로는 달큼한 꽃향기와 꽃피는 계절을 고려하면 아예 아가씨 나무, 아가씨 꽃으로 불러도 좋을 것 같다.

도시의 성장과 함께 확장된 마을 골목을 걷는다. 좌우로 들어선 가게와 찬란한 간판들이 발걸음을 늦춘다. 길 양편에 병사들 사열하듯 이팝나무들이 서 있고 고봉으로 담긴 쌀밥처럼 꽃들이 푸지다. 앞서 이 땅을 살다간 이들이 얼마나 어렵게 살았으면 나무에 그런 이름을 붙였을까. 자신들의 처지를 자랑하듯 하늘 향해 꼿꼿한 꽃들이 가상하다. 이 땅에서 먹고사는 문제가 사라진 게 언제쯤일까. 그리 오래된 것 같지 않다. 이 계절만이라도 흐드러지게 핀 이팝나무를 보며 가난했던 세월을 잊지 않았으면 좋겠다.

재난지원금을 받았다. 팔월 말까지 쓰지 않으면 국고로 귀속된다고 한다. 단기간에 소모하라는 게다. 아끼는 것이 미덕이 아니라 적당히 소비하는 게 경제를 살리는 길이란다. 눈에 보이지도 않는 바이러스가 세상을 멈추고, 경제를 얼어붙게 했다. 연일 어렵다는 말들을 듣다보니 다시 그 힘겨운 시절로 돌아가는 것 아닌가 걱정이 된다. 형편 좋아지는 것은 느끼기 어려워도 악화되는 것은 바로 알고 큰 고통을 겪는다고 한다.

대로에 나오니 도로가 넓어 내가 걷고 있는 곳으로만 마음과 눈길이 쏠린다. 대단위 아파트 담을 타고 장미와 함께 찔레꽃이 눈에 들어온다. 장미가 귀족적이라면 찔레는 서민적이다. 장미가 실내 화원에서 관심과 돌봄을 받고 자란 느낌이면 찔레는 비바람 맞으며 들판과 울타리, 산속에서 자라나 꽃피운 야생의 감이 있다. 찔레꽃에서는 진한 정염 대신, 단아한 시골 이모나 누님을 보는 듯한 아릿함이 있다. 가난 속에서도 기품을 잃지 않은 품격을 보는 것 같다.

장미보다 찔레꽃이 더 친숙한 것은 왜일까. 내가 태생적으로 양반보다 서민에 가까워 그런가 보다. 삼사월 봄과 함께 화르르 달려들어 산과 들, 거리를 온통 노랑과 분홍으로 물들이는 개나리와 진달래는 충분히 감상하기도 전에 서둘러 스러진다. 허전하기야 화들짝 피었다 꽃비처럼 지는 벚꽃을 당할까.

집으로 향하는 길, 어느 집 담장 안에 피어나는 빨간 꽃들과 앙증맞은 작은 꽃무리들은 날마다 보면서도 이름을 모른다. 꽃 사진을 찍어 올리면 알려주기도 한다던데 나는 그런 열심을 내지 못한다. 마음속으로 이름조차 불러주지 못하는 꽃들에게 미안하다. 일렁이는 바람에 무성한 이파리를 흔들며 집 앞 은행나무가 나를 맞는다.

내가 나무라면 어떤 나무일까. 심긴 지 얼마 되지 않은 밋밋한 소나무일 것 같다. 그다지 남의 눈을 끌지 않는, 조금은 붉은 빛 솔가지를 달고 있는 푸른 소나무. 지나는 이들에게 그저 그런 모습에 기억나지 않는 존재, 서글픈 일이다. 스스로는 상록수, 소나무라 위안해도 화려함이 없다. 따가운 햇살과 눈비 맞으며 세월을 참고 견디듯, 이 땅 한구석을 지키며 조용히 살고 싶다.

꽃은 나무들에 비해 짧은 세월을 산다. 나무들은 봄에는 기다림으로 싹이 트고 연두색 해맑은 잎들을 보여주며 여름엔 짙푸른 젊음과 성장에의 질주를 깨우친다. 가을은 누렇고 붉은 열매로 성숙을 드러내고 황혼 같은 단풍의 축제를 벌인다. 겨울은 질박하고 겸손한 모습으로 내일을 꿈꾸는 지혜를 알려준다.

산책길 꽃과 나무들은 자연의 흐름을 거스르지 않는다. 모두가 초여름을 사는데 혼자 가을일 수는 없다. 자유로운 것 같고, 구속받는 듯해도 같은 틀 속에 살아간다. 화려함과 단조로움이 자연의 흐름 속에 함께 있다. 햇살이 숨고 주변이 스산해지더니 빗줄기가 땅으로 그어진다. 이때는 나무와 꽃들이 하나같이 비를 맞고 있으리라. 이 빗속에 더 자라 깨끗하고 강렬해질 게다.

한 무리의 꽃들은 이 비에 생을 다하리라. 꽃들은 땅으로 내려와 화려한 일생이 영원하지 않음을 알리고, 바람은 어디론가 그들을 몰아가리라. 살아남은 꽃들을 감상 겸 축하하러 내일도 나는 같은 길을 걸으며 장미와 아가씨 꽃과 이팝 꽃과 찔레를 변함없이 만날 게다.

힘을 가져야 하나

연세 지긋한 목회자 한 분이 교회가 힘을 가져야 하고 그러려면 하나가 되어야 한단다. 나는 교회가 힘을 가져서 무얼 하려 하냐고 반대했다. 의견이 하나로 고정되는 건 옳지 않다고 했다. 전체주의 사회나 군대가 아닌데 어떻게 일사분란하게 하나가 될 수 있나. 그분은 한국 교회 초기에는 기독교인이 1.5퍼센트밖에 안 되었지만 사회에서 지도적 역할을 감당하고 3·1운동을 이끌어 독립을 이룰 수 있었다고 했다. 나는 지도적 역할 못지않게 중요한 게 단단한 바닥이 되어주고 따라 주는 것이라 생각한다.

자주 모여 서로 생각을 나누고 위안을 얻는 모임이다. 코로나19 사태로 교회가 원성의 중심에 선 듯하고 지역에서 눈총을 받는 것 같다. 국가를 위해 끊임없이 기도하고 지역을 섬기기 위해 부단히 노력해온 것이 깡그리 무시당하는 듯해 서로의 의견을 나누고 있는 중이었다. 3·1운동 덕에 해방이 되었다는 말에 29년간의 간격을 무시하고 어떻게 그렇게 얘기할 수 있냐고 하니 답이 궁한 모양이다. 3월 초에 만세운동이 일어나고 4월에 임시정부를 만들어 임시정부 주도로 해방을 이뤘다고 했다. 그게 우리 논리지 객관성을 지닐 수야 있나. 연합국이 동맹국에 승리해 해방을 맞은 게지….

교회가 힘을 갖는 것을 나는 긍정적으로 생각하지 않는다. 한 집단이 힘을 가지면 그 힘을 이용하려는 이들이 나타나고 힘이 있으면 그것을 사용하게 된다. 일사분란하게 의견이 하나로 모아지고 행동하는 대표적인 무리가 군대와 조직 폭력 집단이다. 그들을 상징하는 말이 상명하복이다. 복종하지 않으면 하극상이 되고 배신이다. 그렇다면 정신적 지도자라 자부하는 이들이 모인 교회의 목회자 집단이 어떻게 다른 의견이 없이 힘을 한곳으로 모으려 하는가. 한곳으로 의견이 모이는 것은 위험성이 크다. 만장일치는 바람직하기 않다. 개인의 의견이 무시되거나 현저한 힘의 격차가 있는 곳에서 나올 수 있는 결과다.

만장일치 사안에는 여럿이 의견을 나눌 필요가 없다. 그렇게 자명한 것은 한둘이 결정하면 족하다. 하나의 의견으로 힘을 행사하는 것이 얼마나 위험한가. 폭력조직은 말할 것도 없고 민주화가 이루어지지 않은 군대가 그 국민들에게 얼마나 어려움과 아픔을 주었는가를 역사가 보여주고 있다.

예수님은 이 땅에 오신 하나님이다. 그분이야말로 힘을 가지려 하면 얼마든지 소유할 수 있었다. 열두 영 더 되는 천군을 동원해 상대를 무찌르고 십자가를 지지 않을 수도 있었고 로마군을 무찌르고 보란 듯이 이스라엘을 해방시킬 수도 있었다. 하지만 그렇게 하지 않으셨다. 오히려 부당한 재판에서 사형선고를 받고 십자가에 달려 죽으셨다.

힘을 가진 이에게 사람들이 모여든다. 잘사는 나라로 이민을 가는 것과 같은 이치다. 득을 볼 수 있는 유리한 곳으로 가서 조금이라도 나은 위치에 서려는 게다. 힘의 정점에 서면 많은 이들에게 떠받들려 제정신을 차리기 어렵다. 우리 현대사에서 한 사람, 대통령에게 힘이 집중되어 임기를 마치면 감옥으로 가는 것이 정해진 과정처럼 서글픈 현실을 보아야 했다. 그들이 그 자리에 오르기 위해 쏟았던 희생과 노고도 부인할 수 없고 탁월한 판단력과 지도력을 소유한 분들이었지만 거대한 힘이 그들을 불행하게 만들었다.

힘을 갖지 못한 이들은 낮은 자세로 조심하며 살아간다. 자신들에게 주어진 일을 처리하기에 온 힘을 다한다. 힘을 가진 이들이 처음부터 잘못되는 것은 아니다. 힘에 취하면 초심을 유지하기 어렵다. 마음이 어느 순간 풀어지고 도움을 받은 이들이 아쉬운 소리를 하면 거절하기도 어려울 게다. 힘이 한곳에 집중되는 집단일수록 본인이 나서지 않아도 그 힘이 잘못 사용될 수 있다. 그 힘의 영향력 아래 있는 이들이 과잉충성을 하고 힘 있는 이에게 잘 보이려 서로 무한 경쟁할 것이다.

힘 가진 이의 지연 혈연 학연 등 모든 연줄이 본인도 모르는 사이에 이용되고 관계자들은 그분의 심기를 거스르지 않고 잘 보이려 거절하지 못한다. 그런 일이 관행이 되고 그분을 사칭하는 이들이 생겨난다. 필연적으로 피해를 당하는 이들이 나타나고 억울함이 쌓인다. 힘이 집중돼 생기는 일이다. 힘이 마력을 부린다. 권세와 인정을 허락하고 편리함을 선사한다.

힘 있는 이들, 뜻을 이루고 성공했다고 하는 이들에게 더 많은 위기가 찾아온다. 도전을 제일 많이 받는 이가 챔피언이 아닌가. 높은 곳에 오른 이가 더 바람을 타게 되고 떨어질 위험이 클 것은 당연하다. 힘이 있는 이들은 다스리려 하고 무언가를 이루어 보여주려 한다. 힘은 그 자체가 움직이려 하고 성취하려는 본성을 가지기 때문이다.

나도 육체적인 강한 힘이 있었더라면 몇 번 사고를 쳤을 게다. 그것도 작은 일이 아니라 큰일을 저질렀을 게다. 억울함과 분함을 심하게 느꼈던 순간에 억제하지 못하고 폭발했다면 오늘의 모습으로 살아가기 어려웠을 것이다. 힘이 없어 참을 수밖에 없었던 것이 잘못을 막아준 게다.

개인적으로는 교회들이 일사불란하게 하나로 의견이 모아지고 힘을 드러내는 것보다 다양한 의견과 다양한 모습으로 남아있기를 바란다. 그 길이 이 사회에 선한 영향력을 미치고 하나님의 영광을 드러내기에 더 적합하다고 여기기 때문이다.

V. 설레다

선달그믐의 설렘

선달그믐 하고도 저녁으로 향하는 다섯 시. 오는 이도 갈 데도 없이 고즈넉하다. 홀로 책읽기가 지루해 방을 옮겨보니 방송은 시시덕거리며 끝도 시작도 없는 이야기를 쏟아내 놓는다. 이곳저곳을 돌려보아도 그저 그럴 뿐 마음에 차지 않는다. 몇 시간이 지나면 새해가 오는 것인가. 조금씩 어두워가는 사위가 사색을 어둠 속에 묻으려 한다. 하루 종일 문밖출입을 하지 않았으니 나가 바람을 맞고 하늘을 보며 그들의 말을 들어보자.

조용하다. 골목엔 여전히 차들만 자리를 지키고 행인들의 통행이 없다. 이따금 싸늘한 바람이 할퀴고 가면 풀과 나무의 마른 잎과 줄기들만 흔들릴 뿐, 마을이 잠에 든 듯하다. 큰길로 나서니 가로등과 신호불빛이 나를 맞는다. 평소보다 적은 차량들이 신호등 앞에서 줄을 서고 있다. 냇가 둑을 따라 어렴풋이 푸른색이 배어난다. 지난해엔 이월 말에도 푸른빛을 찾기 어렵더니 이월을 맞은 게 엊그제인데 벌써 눈에 들어온다. 그러고 보니 올해는 겨울 가뭄이라는 말을 들은 것 같다. 언제 눈이 내렸나 기억나지 않는다. 그나마 어젠가 비가 조금 내려 나무들이 촉촉하다.

농사에는 어떨지 모르나 내게는 춥지 않은 것이 다행이다. 신호등을 따라 횡단보도를 지나고 건너편을 보니 눈에 익은 장면에 오늘따라 의문이 인다. 이름 모를 활엽수들이 흑갈색 잎들을 부성하게 달고 있다. 살아있음의 흔적이 없거늘 무슨 미련이 있어 나무는 잎들을 놓아주지 않는 것일까. 때가 되면 미련 없이 우수수 떨어지는 게 자연의 섭리 아닌가. 십여 미터나 되는 큰 나무에 붙은 잎들이 지는 해 부는 바람에 가늘게 흔들리면서도 떨어지지 않는다. 아래의 풀들은 누런빛이 돌아 새 생명을 위한 거름이 되려는데 높은 곳에선 손들을 놓지 않아 구차한 모습이다.

언제부턴가 금융가는 자동처리기가 있어 심심치 않게 사람들이 드나들고, 관공서는 이어지는 연휴(連休)를 맞아 문들을 닫아 고요하다. 대조적으로 가게들은 뭔가를 사라고 소리치고, 거리엔 요란하고 자극적인 입간판들이 시선을 잡아끈다. 초연한 도인처럼 흔들림 없이 갈 길을 간다. 눈 간 곳에 빈 점포가 보이고 무엇을 하던 곳인지 텅 빈 공간이 애처롭고 여유롭다. 유리창 너머를 보며 상상한다. 이곳에 있던 이들은 장사가 잘되어 더 큰 곳으로 간 것일까, 안돼서 눈물을 머금고 철수한 것일까. 신문과 방송이 예년에 없이 경기가 힘들다 하니 그만둔 건 아니려나. 해가 지고 어스름이 밀려오니 날씨는 더욱 싸늘하다. 차들이 적은 도로에 시내버스가 번호를 번쩍이며 지나간다. 손님이 몇 보이지 않아 쓸쓸해 보인다.

넓은 학교 운동장에는 고등학생쯤 되어 보이는 남학생 둘이 공차기를 하고 있다. 둘이 있어도 긴장감이 도는 승부차기를 하는 모양이다. 골 문지기는 겅중겅중 뛰며 찰 곳을 줄여도 상대는 용하게 골문 안에 공을 차 넣는다. 한 사람은 신나고, 상대는 머쓱하지만, 역할이 곧 바뀌고 같은 상황이 되풀이 되었다. 결과가 순간순간 드러나고 기쁨과 아쉬움이 교차하나 곧 잊어버리니 별 미련이 없다. 누가 넣든 막든, 아무 관계도 없는 광경을 단지 호기심만으로 보다 돌아선다. 둘 중에 누가 이기고 지면 어떤가. 그들도 한 시간이 채 지나지 않아 잊고 말 것인데….

학교 담을 따라 돌아오며 어린 시절을 회상한다. 그때 나를 긴장하게 하고 흥분시키던 일들은 무엇이었나. 섣달그믐이 되면 알 수 없는 설렘이 있었다. 자세한 가정 형편을 모르니 세뱃돈을 바라고 설빔이 생기고 맛있는 아침을 기대했을 게다. 어른들이 무척 위대하다고 생각했다. 못하는 게 없어 보였고 세상이 쉽게만 여겨졌다. 책이나 라디오에서 접하는 이들이 성공한 분들이었고, 내 미래도 잘될 것을 조금도 의심하지 않았다. 세월이 흐르고 나이가 들 것을 알았지만 내가 육십 대 후반이 되는 날이 이렇게 빨리 오리라곤 생각하지 못했다. 명절을 맞으면 이제는 친인척들을 만날 약간의 기대는 있지만 크게 설레지도 기다려지지도 않는다. 내 세대가 점점 밀려나고 자녀들 세대가 일자리를 갖고 가정들을 이루고 있다.

학교 울타리 나무들이 겨울을 난다. 내 눈에 드러나지 않아도 봄맞이 준비를 분주히 하고 있으리라. 오늘이 입춘이니 우수와 경칩이 지나면 새로운 모습들을 하나씩 보여주리라.

전조등을 켠 차 한 대가 곁을 스쳐간다. 내 어릴 때에 우리 동네에 누구네가 차를 가졌었는지 기억나지 않는다. 다 걸어 다니고 뛰어다녀도 명절이면 마냥 흥겹고, 어머니 따라 방앗간에서 가래떡을 빼오면 마음이 넉넉하고 풍성했었다. 어려운 중에 명절이 다가옴이 어른들에게는 얼마나 불안한 일이었을까. 부모님이 잊히지 않는다. 그 춥고 가난한 시절을 버텨 내게 풍요로운 시절을 물려 주셨구나. 상대적 빈곤에 마음이 시릴 뿐, 절대적인 가난은 지나간 시대의 이야기가 되었다.

집에 돌아오니 불이 켜져 있다. 방송 화면은 고속도로를 비추고 평소보다 얼마나 더 걸리는지 이야기한다. 올해 설은 눈이 오지 않고 맑은 날씨가 이어지니 어느 해보다 사고가 적고 평안한 명절이 될 것 같다.

다섯 시간이 채 남지 않았다. 내일이면 정말 희망찬 새해가 내게 찾아오려나. 우리 가정과 주변 분들에게 건강하고 행복한 한

해가 되었으면 좋겠다. 다가오는 새해가 설레는 마음으로 기다려진다. 어렴풋한 기억 속에 섣달그믐 저녁의 발간 볼을 한 내 어린 시절 해쓱한 모습이 보인다.

계절의 공존 속에서

수곡동 평생교육원에서 법원 검찰청으로 향하는 사거리까지는 가로수가 그다지 눈에 들어오지 않는다. 큰 도로와 이어지는 교차로에 서니 화려한 단풍이 고운 자태를 드러낸다. 금빛과 진홍의 화려함이 짙은 가을을 알리는 듯하다. 취한 듯 단풍에 눈을 빼앗기다 앞차를 따라 간다. 나란히 선 나무들도 같은 수종에 크게 다를 바 없는 환경일 텐데 어쩌면 그리 단풍든 모습이 다른지 신기하기만 하다.

이건 또 무슨 조화인가. 구룡 터널을 지나니 단풍은 간 데 없고 나무들이 푸른 잎을 지닌 채 싱싱하게 도열해 있다. KBS 가까이 삼거리에 이르도록 아직도 여름을 보내지 않았다는 항거라도 하는 양 가로수들이 푸른 잎으로 줄지어 서 있다. 삼거리를 지나자 다시 금빛과 주홍의 향연이 이어진다.

그런가하면 내 마음의 계절은 아직도 늦봄을 벗어나지 못하고 있다. 추위를 심하게 타는 까닭인지 겨울의 쌓인 눈과 찬바람이 얼마 전 일인 양 생생하다. 최근 들어 두드러지게 내 마음이 현실의 계절에 뒤처지고 있다. 단조로운 삶이 세월의 흐름을 빠르게 느끼게 한다는데 내 현상은 무언가. 계절 변화 속도에 내 몸과 마음이 미처 따라가지 못하나 보다.

나만 아니라 계절도 가을과 여름을 오가며 주춤거리고 있어 이때를 환절기라 부른다. 하루에도 여러 계절이 혼재해 있다. 이른 아침은 쌀쌀한 초겨울 같고 한낮은 아직 여름이다. 반팔 옷을 입은 이들이 많을 것 같은데 주위를 둘러보면 어느새 긴팔 옷들을 입고 있다.

나무가 잎들을 금빛과 진홍빛으로 물들이는 건 헤어지기 전 벌이는 마지막 색의 잔치요 한 해를 고생한 잎들을 향한 보상이며 앞날에 대한 위로다. 기업은 위기를 느끼면 인원을 감축하고, 먹이를 구하기 어려우면 동물은 겨울잠에 들고, 나무들은 잎들을 떨어뜨린다. 그렇다면 나무가 잎들에게 자존심과 명예를 지켜주는 게 단풍이다.

계절을 알려주는 건 활엽수들이다. 상록수는 이름처럼 늘 푸르니 변화를 느끼기 어렵지만 잎 넓은 나무들은 계절에 따라 확연히 차림이 다르다. 봄에는 새싹을 내어 연녹색 향연을 벌이고, 여름은 풍성함과 푸르름을 자랑하고, 가을은 열매와 단풍을 보여준다. 겨울이 오면 모든 소요를 그치고 절제 속에 적막함을 드러낸다. 가을이 깊어가고 겨울을 향해 한 걸음씩 나아가고 있다. 화려한 한 해의 삶이 끝나가고 있음을 잎들도 아는 것일까.

빛나고 아름다운 절정의 시기를 산다는 건 가파른 내리막이 기다리고 있다는 말과 다르지 않다. 이야기도 절정으로 치달으면 머지않아 결말을 맞는다. 몇 년 좁은 화단에 호박을 심고 커가는 것을 보면서 알게 된 것이 먼저 꽃피고 열매 맺어 튼실하게 자라면 거두어지고 삶이 끝나는 것도 다른 것보다 이르다는 게다. 앞서는 것이 나은 것도 바른 것도 아니다. 앞설 수도, 조금 뒤에 갈 수도 있고 더 나을 수도, 못할 수도 있다. 그런 것들은 선악(善惡)이나 정사(正邪)와는 무관하다.

현실의 계절변화는 어찌할 수 없지만 내 마음의 계절은 조금 느리게 간다면 좋겠다. 얼마 전 문명의 이기(利器) 덕으로 동기들 생각을 엿볼 수 있었다. 몇몇이 올린 글들을 보니 마무리, 헤어짐 같은 어휘들이 자주 눈에 띄었다. 현직을 떠날 때가 다가옴에 따라 마음이 분주하고 쓸쓸함이 밀려오나 보다. 그 글들을 대하며 '이 친구들이 벌써 다 노인들이라도 된 것처럼 궁상을 떠네.' 하고 생각했다. 겨울 초입에 선 인생들처럼 핼쑥한 얼굴에 위축된 어깨를 보는 것 같다.

주변을 돌아보면 백세를 살 기세들이 아닌가. 칠십이 되어도 청년의 자세로 사는 이들이 어디 한둘인가. 목표를 새로 정하고 다시 출발하면 또 다른 한살이가 시작되는 게다. 가을에도 여름이 섞여있고 심지어 한겨울에도 따듯한 날들이 적지 않다. 친구들을 상상하며 몸 건강하고 정신 온전한 데다 시간적 여유가 주어지고 궁핍하지 않을 만큼 경제적 뒷받침이 되는데 무엇인들 못하랴 생각한다.

한곳의 단풍도 다른 모습을 보이니 계절을 탓할 일이 아니다. 단풍든 가을이 마음에 들지 않으면 남쪽으로 내려갈 일이다. 푸른 나무들이 반겨줄 것이고 그것도 부족하면 소나무 숲에 가보라. 그 푸르름이 나태해지려는 심신에 자극제가 되어 주리라.

나무들만 단풍 모습이 다른 것은 아니다. 사람들 살아가는 모습도 그러하다. 노년처럼 사는 청년이 있고 청년처럼 사는 노년이 있다. 활엽수들이 철철이 그 아름다움을 드러내며 살 듯, 인생의 계절마다 다른 시절과 바꾸거나 포기할 수 없는 아름다움이 있다. 가을에 여름을 그리워하고 부러워하거나, 여름처럼 사는 건 어울리지도 현명하지도 않다. 푸른 하늘과 삽상한 기운을 가을 아닌 어디에서 찾을까. 더하여 화려한 단풍이 있고 낙엽 지는 운치가 있으니 무엇을 더 바라랴.

소슬바람에 허공을 가르며 땅으로 향하는 낙엽은 자연의 더 큰 품으로 안기는 건 아닐까. 요즘처럼 철모르고, 계절과 관계없이 사는 것은 사계절을 모두 누리며 산다는 의미일 수도 있다. 공존하는 계절 속에서, 제 계절의 즐거움을 만끽하며 살 수는 없을까.

여기저기 단풍이 곱게 물들고 있다. 이 가을 어느 날 그 색과 향기에 취해 숲속에서 길을 잃어도 좋겠다.

커피가 식을 동안

아침이면 습관처럼 커피 한 잔을 탄다. 천성적 게으름을 이기지 못해 계속 믹스커피를 벗어나지 못한다. 몇 분이 원두를 갈아서 마시라고 어렵지 않다고 권하곤 하지만 이런저런 걸 생각하면 차라리 안 마시는 게 더 편할 듯하다. 손님이 와도 뻔뻔하게 믹스를 타준다. 그분들이 집에서야 갈아드시는지 몰라도 날 찾아오면 내 편한 대로 할 뿐이다.

오륙 년 전에는 몇 달간 끊었었다. 건강검진을 했더니 당뇨가 위험하고 커피는 해롭다고 겁을 줘 안 마시다 얼마 지나 다시 검사하니 괜찮았다. 넘어진 김에 쉬어간다고 끊으려 했더니 삶이 심심하고 마땅한 기호품이 없었다.

앞에 놓인 커피를 보고 있으려니 사십 대 초반부터 알고 지내던 동료 목회자 한 사람이 생각난다. 그런대로 자주 만났는데 항상 커피나 한잔 달라고 했다. 늘 청회색 윤기 나는 정장을 하고 흐트러짐 없이 머리를 가지런히 손질했다. 세월과 함께 흘려들은 이야기를 모으면 순수하게 신앙생활을 하다가 지방 신학을 하고 어렵게 목회를 하는 것 같았다. 어느 목회자인들 편하게 살아갈까. 밖에서 보기엔 별일 하지 않고 설렁설렁 지내는 것 같지만 나름 치열하게 사는 게 목회자들의 삶이다.

목회자들은 자신들의 믿음과 삶이 누구 못지않게 성실하다고 생각한다. 어느 날 그가 섬기는 교회를 들르니 연로하신 모친이 오셨나 보다. 모친을 앞에 두고 한 시간 가까이 예배를 드리고 긴 기도에 축도까지 하는 걸 보았다. 나 같으면 기도 한 번 하면 그만이었을 텐데, 순수함이 대단했다. 주변에서 건물을 매입해 목회 형편이 나아졌다는 전언을 누구로부턴가 들었다. 순전한 믿음으로 모험을 했는지 뻔히 아는 형편에 건물을 구입해 이자감당이 쉽지 않은 모양이었다. 소문이 이리저리 돌아 내 귀에 들리는데 차를 마시며 어려운 일이나 별일 없냐고 하니 기도해 줘 잘 지낸단다.

한편은 괘씸했다. 내가 기도하지도 않았거니와 다 들어 아는 걸 굳이 감출 건 뭔가. 그것도 세월과 함께 알았다. 좋은 일도 아니고 알아야 별 도움을 줄 수 없으니 모른 척 지내라는 신호다. 좁은 동료들 사이에 말거리 되어 이로울 게 없다는 계산이리라. 목회자 세계도 쉽지 않다. 너무 계산적이면 믿음이 없다 하고 무모하게 일을 벌이면 고생이 말이 아니다.

또 세월이 지나 생각해보니 어려운 사정을 이야기하지 않고 잘 지낸다고 하는 그가 잘못이 아니라 털어놓을 만한 여건을 만들지 못한 내 잘못이 더 크다. 다른 이들에게 내 형편을 털어놓고 도움을 청하든가, 털어놓으면 해결은 안 돼도 마음이라도 홀가분하다는 확신을 줄 수 있어야 했는데 이도 저도 아니니 몸을 사릴 수밖에….

그때는 우리나라에 교회 성장 광풍이 불고 있었다. 팔십년 대 중반에 일기 시작해 점점 커지더니 온 교회를 삼킬 기세가 되어 있었다. 칠팔십년 대를 거치며 산업화와 도시화를 겪은 여파는 교회라고 피해가지 않았다. 목적과 수단이 함께 섞여 원하는 결과만 얻고 싶어 했다. 그 분야의 학자들이 가리키는 교회 성장의 최우선 요소가 교회의 위치, 곧 목이었다. 이제 그런 주장을 하는 이들이 적어졌다. 목회는 분야가 교회로 옮겨진 사업일 수는 없다. 출발부터 고난과 희생을 바탕으로 좁은 길을 가기로 나서는 길이다.

신학교가 정규대학과 대학원이 되어 경쟁률이 높아져 성적이 당락을 좌우하는 시절이 있었다. 그 시절에는 지방 신학교 졸업생들과 정규신학대학과 대학원 출신들 사이에는 약간의 무시와 우열의식이 있었음을 부인하기 어려울 게다. 판단 기준이 달라야 한다. 세상과는 무언가 차이가 나야 한다. 서로를 보는 가치관이 세상 성공의 잣대와 같아서야 되겠는가. 큰 교회에도 어려움이 있고 작은 교회에도 어려움이 있다.

주변에 눈 돌리지 않고 불러주신 그분을 바라보며 뚜벅뚜벅 자신의 길을 가는 것에 만족하고 남들의 칭찬과 비난에 둔감하면 좋겠다. 무거운 짐을 지고 가더라도 스스로 가볍게 여기고 그분 앞에 털어놓고 위로받으며, 마음을 쏟아놓고 실컷 울어 가벼운 마음으로 헤어질 수 있는 이들이 동료 중에 몇이라도 있었으면 좋겠다. 커피 한 잔을 앞에 놓고 서로 나누는 이야기가 진실을 떠난, 무료함을 메우기 위한 의례적인 화제일 때 서글프다. 믹스커피라도 때로 서로의 마음을 여는 묘약이 될 수는 없으려나.

그 친구를 본 지도 오래 되었다. 정말 대단한 이는 그 친구가 아닌가 싶다. 아침 커피가 식었다. 식은 커피에서 쓰고도 단맛이 난다. 불현듯 산다는 것 자체가 쓰고도 단맛이 나는 건 아닌가 하는 생각이 든다. 중독성 있는 이 단맛이 나를 믹스커피에 묶어두는 주범이요, 웅숭깊지 못한 내 자신의 맛 같기도 하다.

요 며칠 그 친구의 근황이 부쩍 궁금하다.

시원찮아도 괜찮아

시력이 시원찮으면 어떨까. 아주 오래전 생각이 난다. 군대에서 훈련받던 시절에 있었던 일이다. 낮에 각개전툰가 하는 힘든 훈련을 받다가 안경이 깨졌던 것 같다. 야간에 공포체험쯤 되는 담력 훈련을 받는데 그렇지 않아도 시원찮은 시력에 안경이 없는 데다 밤이니 크기만 대충 구분될 뿐이었다. 시간 간격을 두고 두 사람씩 출발해서 정해진 구간을 돌고 오는 것이었다. 묘지와 상여 집, 공중화장실 같은 곳이 만들어져 있었다. 앞서 출발한 이들의 비명이 간간이 들리고 같이 간 동료는 많이도 놀랐다. 그렇지만 나는 맨송맨송했다. 친구를 따라 가기에 바쁘고 제대로 볼 수 없으니 말 그대로 "눈에 보이는 게 없는" 처지였다. 보이는 게 없는데 두려울 것이 무언가. 화장실에서는 갑자기 문이 열리며 귀신차림의 인형이 나왔는데 그냥 자루 같았고, 상여 집에는 죽은 뱀을 묶어

늘여놓았지만 내겐 좁고 허연 천이 펄럭일 뿐이었다.

아마도 친구들은 그 밤에 나를 겁 없는 동료로 생각했을지 모른다. 단지 안경이 깨어져 제대로 볼 수 없었던 것뿐인데…. 선명하게 보는 것에서 얼마나 많은 유혹을 받고 두려움을 느끼는가를 생각한다.

나는 운동신경이 민첩하지 못하다. 학창시절에 견디기 힘든 게 예체능 그중에도 체육시간이었다. 대개는 운동장에 모여 체조를 한 후 공을 나눠주고 편을 나눠 경기를 하다 종이 울리면 교실로 들어가는 것이었는데 문제는 내가 속할 편이 마땅치 않다는 거였다. 서로 실력을 뻔히 아니 난감했다. 더욱이 경기에 박진감을 더하려 내기를 하니 못할 일이었다. 처음에는 인원이 많은 축구를 했는데 잘못하니 수비를 맡겼다. 잘하는 공격수에게 못하는 내가 밀리는 게 당연하지만 무척 눈치가 보였다. 나 때문에 실점을 하고 경기에 지는 꼴이었다. 배구나 농구도 별다를 게 없었다.

학교를 졸업하고 목회를 하지만 어설픔은 여전했다. 목회자들이 술이나 사행성 오락을 하지 않으니 함께 모이면 운동을 자주 한다. 또 다시 어려움이 되풀이 되었다. 경기에 긴장감을 주려고 대개는 목욕비와 밥값 내기를 하는데 승부에 결정적인 순간이 되면 잘못하는 내게 공격이 들어온다. 민망한 일이었다. 함께 한자리에 있으면서 심판만 보는 것도 한두 번이지…. 그렇다고 나 때문에 졌다고 비용을 혼자 낼 수도 없다. 서로 불편한 일이니 적당한 핑계를 대고 그런 자리를 피하고 다른 이들도 이해를 해 준다.

그런데 이게 삶에 괜찮은 쪽으로 작용하기 시작했다. 해마다 한두 번은 내가 속한 교단에서도 도(道)와 전국 단위의 경기를 벌인다. 행사에 운동경기를 해야 많은 인원이 모이고 열기가 고조되니 정례화가 된 것이다. 그때가 되면 한 달여 연습을 한다. 아침에 모이면 오후까지 어울리는 게 다반사다. 자타가 인정하는 선수들은 연습에 빠지기 어렵다. 하지만 나 같은 이는 너무도 자유롭다. 경기가 열리는 날만 참여해 그것도 구경을 겸해 응원만 하면 되니 얼마나 괜찮은 일인가.

물론 기회비용이 아주 없는 건 아니다. 그런 일들을 거치며 허물없이 친해지는데, 어쩌다 한두 달 만에 한 번씩 만나니 데면데면하다. 그런 관계를 바꾸고 적극적인 성격을 가져보려고 노력도 해 보았다. 작심하고 공과 네트를 가지고 다니며 동료들을 불러 모아 거의 날마다 몇 년간 운동을 했더니 동료들이 나를 '원조'라고 불러주었다. 그 일로 본업은 조금 소홀해졌지만 지역의 타 교단 목회자들을 여럿 알게 되기도 했다. 그렇다 해도 밑바닥을 면할 정도지 제대로 된 경기에 나설 정도의 실력은 되지 않았다.

내 처지를 분명히 알게 되니 이제는 홀가분하다. 동료들이 운동하는 곳에 서, 함께 하자고 해도 여간해서 참여하지 않는다. 일상이 아닌, 어쩌다 한 번 할 때 부상을 당한다는 걸 안다. 몸은 훈련되지 않았는데 마음이 앞서가면 일이 생긴다. 함께 어울리지 않으니 내 시간이 많다. 내 처지가 훨씬 시간활용에 낫다고 스스로 위로하는데, 실제로 몸과 마음에 썩 괜찮다.

누군가 남자 키가 180cm가 안 되면 루저(loser)라고 한 말이 회자되었던 적이 있었다. 키 크고 힘도 세고 보기 좋은 근육이 있으면 멋있고 남들 눈에 잘 띌 게다. 그런 기준에는 미치지 못하지만 그 일에 내 잘못은 별로 없다. 유전자 조합과 체질이 그러하니 어찌하랴. 난 누구의 말대로 실패자라고 생각해본 적이 없고 실패자도 아니다. 내게는 그들이 갖지 못한 괜찮은 게 있다. 누구도 나를 보고 위압감이나 경계심을 갖지 않는다. 다른 이들에게 긴장감을 주지 않고 편안하게 해준다는 게 장점이 아니고 무엇이랴.

오늘도 TV에는 각 분야의 빼어난 실력자들이 나와 멋진 장면들을 보여주고 있다. 손 실력이 아닌 눈만 높아진 나는 '이렇게 하면 더 잘할 텐데' 하는 생각을 하며 마치 내가 그들보다 한 수 위인 것 같은 착각에 빠진다. 그 많은 방송사마다 노래 프로그램은 어찌 그리 많은지, 출연자들은 가수가 아니라도 어쩌면 그렇게 하나같이 잘 부르는지, 그런 모습을 보며 내 나름대로 위안을 얻는다. 나는 저들을 보며 즐겁게 산다고…. TV 속에 나오는 이들은 결코 나더러 해보라 하지 않을 테니, 주눅 들 일이 전혀 없다. 시원찮음에 적지 않은 유익이 있고 나는 그것들을 충분히 즐기고 있다. 아마도 내 삶의 후반으로 갈수록 나는 그 유익 점들을 바탕으로 더 풍요로운 삶을 누리며 살아가고 있을 게다.

한 고개를 힘겹게 넘으며

긴 세월이 흐르고 방송대를 졸업한다. 2012년에 2학년 편입을 했으니 7년 반 만에 흔히 말하는 코스모스졸업을 하는 셈이다. 내 하는 일이 시원치 않아 아이들 몇을 과외로 지도하다 보니 관(官)에 매이기는 싫어 대학에 적을 두느라 방송대가 무난했고, 그동안 많은 덕을 보기도 했다. 배우는 것은 조금은 수동적일 수도 있지만 생기를 얻을 수 있다. 얼마나 배우는 게 좋으면 죽은 조상들조차 웬만하면 다 학생이라 부르겠는가.

방송대에서 삶의 자세를 가다듬는다. 나이가 꽤 드신 분들이 적지 않다. 수업에 임하는 그분들의 자세가 진지하고 열정적이다. 더러 학위가 필요하거나 사회적 요구 때문에 다니는 이들도 있겠지만 많은 분들이 배우는 그 자체를 즐기는 듯하다. 나는 방송대에서 수필에 입문을 했고 한자(漢字)도 조금 더 진전을 이룰 수 있었다. 한동안은 적만 두고 부담스럽지 않게 공부하려 했는데 어느 순간 또 다른 목표를 설정하고 적극적으로 임해 한 과정을 마치게 되었다.

학생들이 적지 않으니 나름대로 수준을 갖추었다고 생각한다. 다수를 향해 열린 대학이다 보니 교재도 일정 수준을 확보했을 게고 방송과 인터넷으로 행해지는 강의니 불필요한 부분을 최소화하고 교재 마지막까지 강의하는 것은 기본이다. 더욱이 기말시험이 객관식이다 보니 깊은 수준의 평가는 어렵겠지만 전반적인 이해도를 측정하기에 적합해, 학습하지 않고 대충 넘어갈 수 없다는 장점이 있다.

한 분야를 전문으로 깊게 알아야 할 뿐 아니라 가능하면 모든 분야를 조금씩은 알기를 요구하는 융합과 통섭의 흐름에 맞는 학교요, 누구나 필요에 따라 즐겁게 배우고 서로 어울릴 수 있는 유용한 체제다. 나를 분발하게 했던 목표는 몇 가지 사정으로 더 미룰 수밖에 없지만 한 가지 과정을 마친다는 건 그 자체만으로 충분한 의미를 갖는 일이다.

방송대에서 7년 반을 영어에 관해 배웠다. 이번 기말시험에서 가장 자신이 있었던 과목도 영어학이었다. 하지만 결과는 그 과목 성적이 가장 좋지 않았다. 오랜 세월을 끌어안고 살아왔지만 쉽지 않다. 가르치는 이가 젊어 경험이 적다는 변명을 한다. 학생이 선생을 원망하는 이 묘한 상황을 누가 쉬이 받아들일 수 있을까. 그래도 시험이란 게 학습에 비례해 결과가 나와야 타당한 것 아닌가. 경험이 부족한 이들은 대상에 대한 이해가 적고 자신의 실력을 과신하기 쉽다. 지도하는 아이들이 가져오는 학습지를 보면 교생들 것이 가장 어렵다. 비틀고 함정을 파서 학습한 이나 그렇지 않은 이나 큰 변별력이 없다. 마치 '요건 몰랐지' 하는 것 같다. 그런 평가는 열심히 공부한 이들에게 허탈감을 줄 뿐 아니라 평가의 기본적인 요구에 부응하지 못해 실패다.

어느 모임에 참여를 하든 똑똑한 이들이 많다. 그때마다 나는 한구석에 앉아 그들의 설명을 듣는다. 알지 못하는 걸 나서서 말할 수 없으니 "가만히 있으면 중간은 간다."는 속담이 내 행동지침이다. 그러면 사람들은 내 형편도 모르고 '점잖다, 겸손하다'고 말한다. 이 나이가 되도록 책 읽고, 공부하는 방법을 제대로 익히지 못했음을 인정하지 않을 수 없다. 그때그때 간신히 넘어가는 것으로는 제 것으로 정립하거나 활용할 수준에 이르기 어렵다. 확실하지 않으니 설득력이 없고, 자기화 되지 못한 읽고 들은 건 오래가지 못하고 기억에서 달아나 버린다.

때로는 어느 분야에서 일가를 이룬 이들은 나와는 종족이 다르지 않은가 생각한다. 수천 년 전에 이 땅에 살았던 그들이 기록한 서적들을 볼 때면 그 시대와는 비교할 수 없을 만큼 지식과 과학이 축적된 현대를 사는 내가 이해하기 어렵고 읽어내기 힘든 것을 느낀다. 자료도 적고 기록도 힘들었을 당시에 이뤄낸 그들의 성과가 존경스럽기도 하고 이해할 수 없기도 하다. 그들이 기록한 것들을 오늘의 내가 이해하지 못하는 것도 신기할 뿐이다.

타고난 대로 받아들이고 살아가는 게다. 분에 넘치는 걸 바라지 않으면 이 세상이 살만하지 않은가. 원하면 찾아볼 자료들이 있고, 서점에 가지 않아도 책을 주문하고, 다음날이면 집으로 배달해 준다. 그것도 웬만하면 새 책과 크게 다르지 않은 읽기에 넉넉한 중고서적을 싼 값에 살 수 있다. 배달되어 온 책을 편하게 읽다가, 어려운 부분은 또 인터넷의 도움을 받을 수 있다.

이제는 치우친 내 관심 영역 밖으로 지식의 폭을 넓히고 싶다. 이제까지 시도해 보지 않은 이공계 분야의 기초적인 지식들이 궁금하다. 전혀 소질이 없는 부분, 노력해도 다른 이들보다 현저히 성과가 떨어지는 것들을 조금씩 해보고 싶다. 한 번 도전했다가 높은 벽을 느끼고 포기한 오카리나, 작다고 얕볼 게 아니라 음악적 기본이 반드시 필요함을 알았다. 소질이 없는 건 느리게 가면 된다. 남들보다 몇 배 더 노력을 기울이면 평균 가까이는 접근할 수 있다. 문제는 성과가 미미하고 흥미가 약해 그런 분야에 평균적인 노력조차 쏟기 어렵다는 게다. 그러기에 특별한 각오와 노력이 필요하다.

늘 아쉬움을 느끼는 것 중에 컴퓨터가 있다. 어쩌면 그 분야에 도전할지 모르겠다. 물론 두세 배 노력을 기울여 평균쯤 이룰 각오를 하고….

내가 꿈꾸는 세상

해가 바뀌면 많은 사람들이 마음속에 희망찬 꿈을 품는다. 연말에 돌아보면 이루어지지 않는 것이 더 많지만 그래도 보다 나은 내일을 꿈꾸는 것은 포기하기에는 아까운 즐거운 일이다. 그것은 늦고 빠름은 있지만 지향해 나아가야할 방향이다. 방향이 잘못되면 열심과 속도는 의미가 없을 뿐 아니라 때로는 해롭기까지 하다. 방향만 맞으면 조금 늦게 가고 쉬어가도 초조하거나 불안하지 않다.

우리 사회를 이루는 개개인이 정체성과 가치관이 단단해지기를 꿈꾼다. 그게 수학이나 법 조항처럼 일목요연할 수는 없어도 예측 가능하고 다른 이들 눈치를 살피지 않고도 자신의 의견을 드러내고 행동할 수 있는 윤곽이 형성되기를 원한다.

자신의 건강을 돌보는 일에도 알맞게 시간과 열정을 쏟을 수 있기를 바란다. 체중조절이나 성형 같은 외모가 멋있어 보이려는 노력보다 자신이 원하는 일을 지장 없이 해나갈 수 있는 내적인 체력을 기르기를 원한다. 다른 이들을 기준으로 사는 것에서 벗어나 자신을 기준으로 당당히 살아가기를 원한다.

자신의 전문적인 분야와 취미에서의 성취가 지속되기를 바란다. 자신의 전문성이 확고할수록 자존감이 흔들리지 않는다. 또한 취미는 삶에 활력을 주고 누적된 스트레스를 쏟아내는 적절한 배출구가 된다. 전문성 없이 취미만 추구하는 것은 사치고 취미 없이 전문성만 추구하는 것은 불쌍한 일이다.

나라는 여러 위기 속에서도 바른 방향으로 전진해 가기를 꿈꾼다. 우리나라는 위기 아닌 때가 없었던 것 같다. 위기를 어렵게 극복하며 살아온 것이 우리의 현대사다. 민주와 공산진영이 우리에게서 맞닿아 있고 러시아 중국 일본과 미국이 우리를 둘러싸고 있다. 인구는 많고 자원은 부족하고 해외 에너지 의존도가 높아 나라경제가 세계의 흐름에 직접적인 영향을 받는다. 그러나 관점을 바꾸면 더없이 좋은 기회가 될 수 있다. 크게 노력하지 않아도 세계의 눈이 우리에게로 자주 집중되고 우리는 나태해질 여유도 없이 늘 깨어 있을 수밖에 없다. 강대국에 둘러싸여 있으니 눈치보고 상황을 판단하는 능력이 빼어나다.

나라가 국민 개개인이 최소한의 인간다운 삶을 살아갈 토대를 제공해 주어야 한다. 자본주의 사회에서 개인은 경제능력이 없으면 한없이 비참해질 수밖에 없다. 그들에게 최후의 바람막이가 나라다. 나라의 힘과 권위로 교육과 경제와 의료와 노후 등 최소한의 돌봄을 베풀어서 생존에 대한 염려 없이 살아갈 수 있도록 든든한 배려가 필요하다.

그렇지만 국가가 해야 할 것과 하지 말아야 할 것을 구별해야 한다. 국가는 원하면 모든 것을 할 수 있지만 바람직하지는 않다. 개인과 사기업이 할 것까지 국가에서 관여하면 경기는 위축될 수밖에 없다. 국가는 국민의 세금으로 집행하는 경제력과 노동력이 있다. 그 우월한 자산으로 오히려 개개의 국민과 경쟁을 하는 상황이 되기 쉽다. 국가는 국민들이 활동할 수 있는 마당을 만들어 주고 그 틀이 깨지지 않도록 외부의 압력을 막아주고 공정한 심판의 역할을 해야지 그 마당을 장악하려 해서는 안 된다.

우리나라를 둘러싸고 있는 국제사회도 서로의 유익과 힘의 균형을 찾기 위해 항상 분주하다. 국제사회의 흐름이 우리의 정치 경제 문화에 유리하게 전개되었으면 좋겠다. 이 일에는 우리의 역할이 너무도 제한적이어서 하나님의 도우심이 필요하다. 궁극적으로 우리가 기댈 우방은 없다. 역사가 우리에게 가르쳐 주는 것은 스스로 강하지 않으면 언제든지 불이익을 당할 수 있다는 것과 사회가 다변화 되어서 어느 국가도 다른 국가의 이익을 챙겨줄 만큼 한가하지 못하고 지구촌 자체가 점점 더 좁아지고 투명해져 가고 있다는 것이다.

기본적으로 우리가 살아남아 인류에 기여하는 길은 우리나라와 사회가 또 그 기본단위인 개인이 강해지는 것이다. 강해진다는 것은 판단이 합리적이고 견고하게 되는 것이며 스스로의 생존력을 높이는 것이다. 편법과 부정이 통하지 않는 사회. 오로지 실력으로 평가받고 자신의 열정과 노력만이 자신의 모든 것을 결정짓는 무서운 사회로 우리는 진입하고 있다. 그런 사회가 한편으로는 두렵지만 다른 한편으로는 속히 오기를 바라며 우리 모두가 강해지는 올 한 해가 되기를 꿈꾼다.

낯섦과 익숙함

한여름 오후 세 시경, 그다지 덥지 않다. 1,100여 미터가 넘는 고도에 바람이 몰아친다. 턱 끈이 있는 밀짚모자를 날아갈까 손으로 잡는다. 대관령의 한 유명 목장에서 맞는 풍경이다. 여러 개 풍력발전기가 눈에 들어온다. 바람개비 끝에 매달려 도는 거대한 놀이기구 같다. 강릉의 오만 가구에 전력을 공급하고 있단다. 눈앞에 시원스레 펼쳐진 풀밭은 이국적이다. 넓고 푸른 보리밭을 보는 듯하다. 낯선 풍경과 시원한 바람, 따사로운 햇살은 나를 행복하게 한다.

육백만 평이란다. 쉽사리 감이 잡히지 않는다. 버스로 목장을 돈다고 하니 크다고 느낄 뿐이다. 하루에 두 번 있다는 '양몰이 공연'을 보려 준비된 의자에 앉아 있다. 양몰이 개들이 양들을 몰고 온다니 상상을 한다. 평화롭게 풀을 뜯고 있는 양떼에게, 한순간 거대한 개들이 나타나면 놀란 양들이 겁을 먹고 전속력으로 달려 내려오겠지…. 예정된 시각이 되니 개 두 마리가 등장하고 간단한 공연을 한다. 그럴 테지, 사람이나 짐승이나 기술 없이 할 수 있는 일이 뭐가 있으려고, 진행자의 지시에 따라 훈련된 개가 언덕을 올라간다.

잠시 후, 우르르 달려 내려오는 양들은 긴장감이 느껴지지 않는다. 태연하고 익숙하게, 날마다 습관처럼 반복하는 일상 같았다. 하 여러 번 해보아서 관성처럼 하면 발도 맞고 줄도 맞는 것 같았다. 양들이 몸을 맞대고 사뿐사뿐 달려 내려왔다. 정해진 우리 안으로 몰아넣는 일도 자기들이 다 알아서 들어간다는 식이었다. 일상이 되고 습관이 된다는 게 무섭고 편리하게 느껴진다. 그들의 익숙한 행동이 보는 이들을 즐겁게 하고 어린 아이들에게는 추억거리가 되는 일이니 기여도가 얼마나 높은가.

목장의 빼놓을 수 없는 볼거리로 소개되어 내려가는 버스를 타기가 쉽지 않다. 많은 이들이 몰려 있었고 순환버스에는 이미 관객들이 타고 있어 많은 이들이 탑승할 수 없었다. 우리는 한 구간을 걷기로 했다. 1.5km 남짓의 거리였지만 한여름 뙤약볕을 쐬며 경사진 언덕을 걷는 것은 만만하지 않다. 목장에 속한 생명들은 일상을 누리지만 방문객들에게는 어느 것도 익숙하지 않다.

또 하나의 체험이라고 소개받은 동물 먹이주기 체험장이다. 머리가 작고 목이 긴 키다리 신사들 같은 타조 떼가 몰려다닌다. 관람객들이 주는 먹이에 얼마나 익숙해졌는지 성큼성큼 다니며 아이들 손에 들린 그릇 속 모이를 콕콕 찍어 먹고 있다. 엄하게 훈련을 받았는지 어린 아이들에게 위협적인 행동을 보이지 않는다. 저들은 이곳의 삶이 즐거울까. 그들의 삶으로 받아들였을 뿐, 자연스럽지는 않은 듯하다. 주 서식지가 아프리카 사막지대라니 불어오는 바람소리와 결, 뿌옇게 덤벼드는 모래가 그립지 않을까. 따가운 모래를 밟으며 달리던 오랜 세월 축적된 추억이 생각날 것만 같다. 송아지들에게는 아예 젖병에 담아 우유를 준다. 유명 연예인들의 이름을 송아지에게 달았다. 날마다 그 이름을 불러줄 테니 자기 이름인 줄 알리라. 평생을 그 이름으로 불리고 살면 아니라고 할 수도 없는 일이다.

익숙한 일들은 감동을 느끼기 어려울 것 같다. 같은 일들을 반복하더라도 낯설게, 새롭게 여겨야 긴장이 되고 의미가 있으리라. 언제나 새로운 일을 하면서 살 수야 있는가. 그러기에 모든 일에 '낯설게 하기'가 필요한 게지. 내가 자주 읽는 성경을 생각하면 쉽게 이해할 수 있다. 우리말로 읽으면 술술 넘어가고 너무 익숙해서 읽은 후에 무슨 내용이 있었는지 잘 떠오르지 않는다. 하지만 어쩌다 영어나 한문 성경을 읽으면 처음 대하는 글처럼 다가온다. 모르는 어휘들이 튀어나오면 사전을 찾아보고 이런 내용이 있었는가 놀라기도 한다. 마치 외국이나 먼 타지에서 아는 이를 만나면 더욱 반갑고 새롭게 다가오는 것 같은 느낌이다.

익숙한 것이 좋은 면도 많다. 크게 긴장하지 않고 주어진 일을 쉽게 할 수 있다. 하루에 이루어지는 일들을 하나같이 긴장하며 해야 한다면 신경이 버티지 못하고 심리적 부담도 엄청날 게다. 익숙하게 처리하고 기억을 못 해도 습관에 크게 어긋나지 않아 별탈이 없다. 그런가하면 익숙한 일만 한다면 삶의 의미와 폭이 지나치게 좁아질 게다. 낯설고 새로운 일들이 있어야 적당히 긴장하고 삶의 변화를 맛보게 된다.

삶의 환경, 만나는 사람들, 읽는 책과 하는 일까지 익숙함과 낯섦이 적절이 균형을 이루는 게 좋다. 낯섦과 새로움을 접하면 탐색기와 경계기를 거치며 정들고 익숙해가는 과정이 얼마나 정겨운가. 집에 새 생명이 찾아온 것처럼 활력과 생기가 솟아나지 않는가. 그런 설렘을 기대하며 사람들은 여행을 꿈꾸고 사랑을 기대한다. 일상의 익숙함을 벗어나기 위해 연극과 음악회를 찾고 새로운 영화에 열광한다. 외형으로는 늘 비슷하지만 너나없이 스마트폰을 검색하고 텔레비전 앞에 앉는 것도 새롭고 낯선 어떤 것에 대한 기대 때문이지 않을까.

낯선 것을 선사해 준 대관령 목장에 오래 머물 수는 없다. 낯설고 새로운 것을 보았으면 익숙한 일상의 세계로 돌아가야 한다. 그곳은 편안함과 푸근함이 있다. 며칠만 떠나 있으면 눈과 귀에 풍경과 소리가 밴 일상의 터전이 생각나고 그리워진다. 이틀밖에 지나지 않았는데 장구봉로가 궁금하다.

큰 그림을 그려야지

치과 의자에 누워있다. 자세부터 저항하기 어려운, 마음이 편치 않은 모양새다. 치과를 오는 내내 걱정이 앞섰다. 어떤 치료를 해야 할지 모르고 어금니를 빼야 할지도 모른다. 웬만한 건 병원에 안 가고 참을 수 있는데, 치과는 예외다. 이가 아파도 참을 수 없고 시려도 견디기 어렵다. 사랑니가 치고 나와 주변의 이가 상하고 잇몸이 붓는 것도 참을 수 없다.

어제 저녁의 일이다. 땅콩이 섞인 잔멸치 반찬을 먹는데 돌이 씹히는 느낌이 들었다. 살펴보고 불평을 늘어놓았다. 이렇게 해서 판매를 하다니 무책임하다고. 그런데 혀에 닿는 이뿌리의 감촉이 평소와 달랐다. 한쪽 어금니 때웠던 부분이 허전했다. 충격이 누적되어 때운 것이 떨어진 게다. 갑자기 삶의 의욕이 저하되는 기분이었다. 누구에게도 말하지 않았지만 어금니 없이 여생을 살든지 틀니나 임플란트를 해야 할 것 같았다. 먹던 저녁을 그만 두었다. 그래도 시간이 흐르니 냉정해지면서 어떻게든 되겠지 하는 여유가 생겼다.

아침이 되어 치과 진료가 시작될 시간이 되니 더 여유가 생기고 조금이라도 미루고 싶어 오후로 예약을 잡았다. 서양의학이 이 땅에 소개된 것이 선교사와 맞물리니 19세기 말이다. 그 전에는 이 아픔들을 어떻게 견뎌냈을까. 일반 서민들이야 그렇다 해도 왕과 고위관료들은 어떠했을까. 치과를 생각하면 싫기도 하지만 고마움을 금할 수 없다. 내키지 않는 무거운 걸음으로 찾은 치과에서 비교적 간단한 치료를 받았다. 다시 전과 같은 처치를 했단다.

병원의 원장님께 그때그때 치료만 했는데 언제 종합적이고 전체적인 관리에 대해 듣고 싶다고 했더니 다음번에 상의를 하자고 한다. 의사들이 늘 바쁘고 시간에 쫓기는 모습이니 물어보고 싶은 것도 참아야 했다. 처치가 끝났다고 하면 다행이다 싶고 일어나 계산하고 올 수밖에 없었다.

이제는 천국에 계실 한 목사님은 후배들에게 바쁜 것은 잘하는 게 아니라고 성도들에게 바쁘다는 인상을 주지 말라고 했단다. 많은 이들이 자신의 존재감을 얼마나 바쁜가에서 확인하는 것 같다. 한 주간을 지나고 보면 무언가 분주하게 산 것 같은데 이거라고 드러낼 건 없는 것을 일상처럼 겪는다. 하지 않아도 될 일에 많은 시간을 쓰고 있는 건 아닌지 모르겠다.

며칠 전에는 차를 사용하지 못하는 날이 있었다. 그날 지방회 목회자들 모임이 있어 버스를 이용해 참여했다가 올 때는 걸어서 왔다. 돌아오며 생각하니 시간낭비란 생각도 들었지만 꼭 필요한 일을 하고 안 해도 되는 일을 포기한다면 할 일이 그리 많을 것 같지 않다. 큰 그림을 가지고 산다면 그리 바쁘지 않아도 불편할 게 없을 것도 같다.

그때그때 주어지는 일을 수동적으로 하는 데서 벗어나 일 년, 아니면 적어도 일주일 단위라도 꼭 해야 할 일을 정해두고 안 해도 되는 일을 단념하면 여유가 생기리라.

외부의 계획과 의도가 아닌 내 스스로 생각하고 계획을 세워 이루어온 일이 얼마나 있었나를 돌아본다. 별로 없었다. 내가 결정했다 해도 한 겹 더 들어가 보면 내 의도가 거의 없다. 외국어를 듣는다 해도 교육과정 자체가 이미 짜여 있어 내 의지가 들어갈 여지가 없다. 책을 읽고 토론하는 독서회도 이미 한 해의 일정이 모두 나와 있다. 증상에 따라 치료만 하는 치과치료가 답답하고 전체적인 그림을 그릴 수 없듯이 내 삶에 전체적인 그림을 보지 못하고 산다는 게 얼마나 서글픈 일인가.

삶이 길어지는 추세라고 해도 후반부임을 부인하기는 어렵다. 나름으로 위안을 하기는 준비기간이 삼십여 년이라 하면 구십을 잡아도 반 정도밖에 산 것이 아니다. 또한 이제까지가 가정의 안정과 자녀들을 위한 시기였다고 하면 내 의지대로 살 수 있는 시기는 지금부터라 할 수 있다. 또래들이 조금씩 은퇴하는 일이 생긴다. 이제 개인마다 자신의 삶을 살아갈 때다.

병상에 눕거나 흐려진 정신이 아닌 온전함으로 살아갈 날을 생각하면 허투루 할 수 없는 하루하루다. 내 삶을 내 의도대로 살지 못한다고 하면 즐겁지 않다. 살아온 대로 산다고 하면 긴 세월을 살아도 주변을 따라 그렇고 그런 삶일 수밖에 없을 게다. 안 해도 크게 문제되지 않는 일을 줄이고 내가 아니어도 충분히 될 일에 몰두하지 않으면 남아있는 기간이 짧다고 할 수 없는 무엇이든 할 만한 충분한 시간이다.

하고 싶은 일이 무엇인가. 인간의 사고에 막대한 역할을 하는 것은 아무래도 언어가 아닌가. 언어를 좀 더 파헤쳐 보고 싶다. 인류사에 커다란 발자취를 남긴 대표적 문자가 한자와 라틴어니 그 분야에 많은 시간을 활용하고 싶고 내 삶의 뿌리인 우리말도 깊이 들어가 보고 싶다. 인간의 감정과 행동의 원리인 심리도 알고 싶고 인류의 지난 발자취인 역사도 알고 싶다. 그런가하면 내 실제적 분야인 성경도 깊이 파들어 가고 싶다. 늘 이 지점에서 혼란을 겪는다.

그렇다고 삶의 자리인 현재에 일어나는 일들을 무시할 수도 없지 않은가. 방법은 한 분야를 파면서 관심의 촉각을 여러 분야로 열어두는 게다. 여러 분야에 대한 평균가량의 지식은 유지하고 있어야 헛다리를 짚는 일이 적으리라. 그러고 보니 정작 가장 필요한 것은 컴퓨터를 웬만큼 다루는 것이 아닐까.

치아에 대한 전반적인 그림을 기대하듯이, 내 삶에 대한 큰 그림, 그것은 남의 도움을 받기 어려울 테니 시간을 내서 내 스스로 진지하게 그려보아야겠다.

|나|오|는|말|

문밖에 나서보니 누가 보아주지 않아도 구름은 하늘에 그림을 그리고 동사무소 담과 나란한 무궁화는 한창 피어나고 길가 은행나무는 푸른 잎을 수북이 달고 있다. 모두가 아무 말 없이 자기 할 일들을 하고 있었다. 후줄근히 내린 비로 냇물은 황토색이 되어 모처럼 떠들며 흐르고 있다. 둑길을 사람들은 한가로이 거닐고 활기찬 학생들은 여전히 뛰어다닌다.

내 어렸을 때, 어른들은 도포나 두루마리를 입고 갓을 쓰고 수염을 기르기도 했다. 그분들은 나이 들어 뵈고 어르신 같았다. 무언가 대단한 것을 마음속에 품고 계실 것 같고 문제가 생기면 지혜로 해결하실 것 같았다. 대통령이나 국회의원은 나랏일이나 개인사에 답을 갖고 실수하지 않을 줄 알았다. 어쩌다 내가 그분들 나이 엇비슷이 되고 보니 전혀 그렇지 않다는 걸 알겠다.

세월과 함께 글과 지혜가 영그나 했더니 그것도 아닌가 보다. 속이 꽉 차고 맛있는 글을 써보려 했더니 쭉정이 같은 글들 몇 개 거두었을 뿐이다. 왜 다른 이들 글은 다 깔끔하고 감동적인데 내 것은 그렇지 못한가? 글 솜씨 없는 데다 고민을 하지 않은 게다. 까맣게 남들 글 올라가는 것 부러워하느라고 바닥을 다지지 않았으니 균형과 조화가 이뤄지지 않아 맨날 그 타령인 게다. 마음과 머릿속을 정리하고 채워야 하리라.

뱁새는 황새를 따라가지 못한다. 황새는 황새고 뱁새는 뱁새다. 이미 정해진 것을, 뱁새면 어떠랴. 내 분수를 지키고 즐겁게 살면 되는 것이지…. 뱁새임을 안다면 더 이상 황새와 비교하지 않을 일이다. 나아가 뱁새끼리도 크고 작고 길고 짧음을 재보고 싶지 않다. 내 삶을 살고 싶을 뿐이다.

내 기록은 나와 주변 몇몇 지인들에게 의미가 있을 게다. 나를 알지 못하나 글을 좋아하는 수많은 이들이 내 글을 읽고 감동하리라는 착각을 하지 않는다. 글을 쓰는 과정에서 안목이 넓어지고 사고의 폭이 커져서 내가 성장해가는 걸게다. 수만 년 많은 이들이 이 땅에 살다 흔적 없이 갔거늘, 무얼 남기고 싶은 겐가? 제 분수 모르고 자기착각에 속아 넘어가는 어리석음이다.

이 고생스럽고 허망한 일에 힘을 보태준 한솔출판 정연승 사장님과 실무진께 고맙다는 인사를 전한다. 그분들의 노고가 아니었으면 세상에 나와 다소곳이 서가의 한쪽을 차지하지도 못했을 것이다.

이 환각 같은 일에 미련을 버리지 못하고 바람 불고 소리 나는 쪽으로 가느다란 내 글 더듬이가 다시 기우는 것만 같다. 글 속에 갇힌 이 아련한 어지럼증에서 어떻게 벗어날 수 있으려나? 그냥 이 어릿어릿한 기분을 즐기며 살아야겠다.

변두리, 거듭나다

인 쇄 2024년 8월 25일
발 행 2024년 8월 30일
지은이 최 한 식
인쇄처 도서출판 한솔
충북 청주시 서원구 모충로145번길 5-6(사직동)
전화 : 043) 264-3079
등록 제아32호(1987년 12월 3일)

ISBN 978-89-91475-71-7 (03810)
값 13,000원

* 이 책은 충청북도 충청북도, 충북문화재단 충북문화재단 의 후원을 받아
예술창작활동지원사업의 일환으로 발간되었음.